5000 Meilen westwärts

**Ich habe einen Traum:
Ich möchte alle fünfzig Bundesstaaten
der USA besuchen und meinem
50. Geburtstag auf Hawaii feiern**

HDW

Für Margot und Marius

Hans-Dieter Wuttke

5000 Meilen westwärts

Ein Road Trip von
New York City nach Seattle
und ein kleiner Abstecher nach Kanada

Ein etwas anderes Reisetagebuch

Bibliografische Information der Deutschen Nationalbibliothek:

Die Deutsche Nationalbibliothek verzeichnet diese Publikation in der Deutschen Nationalbibliografie; detaillierte bibliografische Daten sind im Internet über http://dnb.dnb.de abrufbar.

Illustration: „***Old man on the road***" Anne-Marie Seyfert

Fotos: **HDW**

weitere Mitwirkende: **Klaus Wuttke**

Herstellung und Verlag:
BoD – Books on Demand, Norderstedt

ISBN: **978-3-8482-4168-2**

Einleitung

Seit ich vor über 25 Jahren zum ersten Mal nach Amerika geflogen bin, ist es um mich geschehen. Zusammen mit meiner Frau, war ich damals an Bord eines der bekanntesten Flugzeuge jener Zeit. Es war eine Boeing 747, der legendäre Jumbojet. Besitzer war die, heute nicht mehr existierende, amerikanische Fluggesellschaft PAN AM.

Mit einem kleinen Zubringerflieger kamen wir von Bremen nach England. Von London aus, ging es dann über den Atlantik nach Westen, in die Vereinigten Staaten von Amerika. Unser Zielflughafen lag nicht in irgendeiner Stadt, nein wir flogen direkt nach San Franzisco.
Der Mythos schlechthin.

Wir wollten dort seinerzeit meine amerikanischen Verwandten besuchen und uns endlich einen ganz besonderen Wunsch erfüllen: Einmal in Amerika Urlaub machen. Bei dem einen Mal ist es dann allerdings nicht geblieben, es folgten viele weitere Reisen.
Kalifornien hatte uns damals sofort in seinen Bann gezogen. Es war Mai, es war warm, die Sonne schien den ganzen Tag und überall blubberten diese tollen V8-Motoren, in den großen amerikanischen Wagen.
Als wir dann, nach fünf sagenhaften Wochen, wieder zurück nach Hause mussten, hatten wir zufällig einen dieser ganz, ganz seltenen, total verregneten und kalten norddeutschen Sommer. Von da an hatte ich nur noch einen Gedanken: So schnell wie möglich zurück in die Sonne Kaliforniens, am besten für immer.

Was hatten wir in unserem ersten USA-Urlaub nicht alles gesehen und erlebt? Städte wie San Franzisco mit der Gefängnisinsel Alcatraz und der weltberühmten Golden Gate Bridge, San Jose, Los Angeles, San Diego, Reno oder Las Vegas. Das Silicon Valley, den Grand Canyon, das Death Valley und den Lake Tahoe

Aber auch einige der großen Vergnügungsparks wie das Disney Land, die Universal Studios oder Marine World waren dabei. Wir fuhren im Motorhome (Wohnmobil) oder im großen Van. Hinten dran den Trailer mit dem Motorboot zum Wasserskilaufen. Das Leben hier war mit nichts zu vergleichen, was meine Frau und ich bis dahin gemacht oder gesehen hatten. Dieses Amerika war eine komplett andere Welt.

Tagsüber waren wir unterwegs und abends planschten wir im Swimmingpool. Oder wir genossen das heiße Wasser im Whirlpool und schauten in diesen irren kalifornischen Sternenhimmel.
Dazwischen lagen Einladungen und Besuche bei den Freunden „unserer" Amerikaner. Immer verbunden mit gutem Essen und netten Gesprächen. Wir hatten einfach eine unbeschreiblich tolle Zeit, die wir letztendlich nur meinen Verwandten zu verdanken haben. Allein hätten wir zwar auch vieles sehen können, aber eine Reise wie diese, wäre für uns so nicht möglich gewesen.

Natürlich ist es ein großer Unterschied, ob man in einem Land Urlaub macht, oder ob man dort wohnt und arbeitet. Keine Frage. Aber für uns war es einfach der viel beschriebene „American way of life" und wir waren die ganze Zeit auf der Überholspur unterwegs. Wie gesagt, es war ein klasse Urlaub und gleichzeitig war es, besonders für mich, der Anfang einer großen Leidenschaft.

Ich habe in den folgenden Jahren oft daran gedacht, einfach auszuwandern, aber irgendwie fehlte mir der Mut, oder einfach nur der letzte Kick.
Und obwohl ich ein paar Mal ziemlich dicht dran war es endlich zu tun, bin ich nie ein richtiger Amerikaner geworden, sondern immer nur ein Tourist geblieben.
Aber das ist ja auch nicht schlimm.

Über die Jahre ist dann ein Kompromiss daraus geworden. Ich lebe und arbeite in Deutschland und versuche, so oft es eben geht, „rüber" zu fliegen. Diese Strategie habe ich bis heute beibehalten und sie funktioniert sehr gut.

Anfangs haben wir auch Freunde oder Verwandte überredet mit in die Staaten zu kommen, aber meistens reisten wir allein. Zuerst waren wir nur im Westen, in Kalifornien, Nevada und Arizona, unterwegs. Später kamen mit den Jahren weitere Bundesstaaten an der Ostküste dazu: Florida, Georgia, Alabama, Pennsylvania, New York, Delaware und New Jersey.

Dann kaufte ich mir irgendwann einen Computer und mit diesem Gerät, trat eine Software in mein Leben, die einiges änderte.
Ich machte mal so aus Spaß eine kleine Tabelle, in die schrieb ich alle fünfzig amerikanischen Bundesstaaten. Also nur die offiziellen, eben alle, die einen kleinen Stern auf der amerikanischen Fahne haben. Nicht diese Sonderfälle wie z.B. Samoa oder Puerto Rico oder der District of Columbia, der identisch mit der amerikanischen Hauptstadt ist. Daher Washington DC.
Dann markierte ich diejenigen, die ich schon besucht hatte und fiel fast vom Hocker. Was war das denn für eine magere Ausbeute? Es fehlten noch jede Menge Staaten. Natürlich war das auch kein Wunder, da wir auf unsren Reisen einige Ziele eben öfter angesteuert hatten und andere Städte und Staaten dagegen noch gar nicht.

Amerika ist zwar vieles, aber klein ist es mit Sicherheit nicht. Tja, und jetzt stand ich da, mit meiner fast leeren Tabelle. Jeder, der schon mal etwas gesammelt hat, weiß natürlich, was nun zwangsläufig kommen musste: Ich wollte alle fünfzig Staaten, in meiner kleinen Excel Tabelle, als „besucht" markieren können.
Aber, auch hier galt und gilt noch heute: Keine Markierung, ohne wenigstens mal mit beiden Beinen im besagten Bundesstaat gestanden zu haben.

Die „Besuchszeit" spielt dabei für mich keine Rolle. Es ist egal, ob ich nun zwei Minuten, zwei Tage, oder zwei Monate in dem Staat war. Da ist da.
Wobei eines natürlich auch von Anfang an klar war: Mogeln läuft natürlich nicht. Letztendlich kann ich mich ja auch nur selbst beschummeln!
Und das will ich auf gar keinen Fall.

So hat das Ganze angefangen und ich habe mir dann folgendes überlegt: Wenn ich also meinen 50. Geburtstag auf Hawaii verbringen will und vorher alle anderen Bundesstaaten besucht haben möchte, muss ich mich etwas ranhalten.
Deshalb habe ich mich für eine Variante entschieden, bei der ich zum einen, möglichst viele Staaten sammle und zum anderen, eine unvergessliche Reise damit verbinden kann. Mein Plan sieht demnach folgendermaßen aus: Ich werde die Vereinigten Staaten von Amerika durchqueren. Einmal von Ost nach West. Meine Reise beginnt in New York City am Atlantik und das Ziel liegt in Seattle Washington, am Pazifik. Das ist schon mal einfach.

Luftlinie sind das ungefähr 4500 Kilometer Entfernung. Das entspricht ca. 2800 Meilen. Da ich aber meine Staaten sammeln möchte, wird es wohl etwas mehr werden.
Also nehme ich eine USA-Karte und male mir eine Zickzacklinie als Route ein. Dabei versuche ich möglichst viele Bundesstaaten in meine Tour zu integrieren.

Wenn alles klappt, könnte ich auf dieser einen Reise auf einen Schlag, 15 neue Staaten in meiner Tabelle als „besucht" markieren. Das wäre der Hammer.
Natürlich ist es mir nicht nur wichtig, dass meine Tabelle schön bunt ist, die Bundesstaten möchte ich auch schon sehr gerne live sehen. Und obendrauf gibt es ja noch so etliche Highlights auf meiner Strecke.
Da will ich mich doch mal überraschen lassen!

Day 1
Die Reise
Osterholz-Scharmbeck - Hamburg - New York

Good Morning Germany!
Mein Wecker sollte eigentlich um 3.00 Uhr in der Nacht klingeln und mich wecken. Wie gesagt, er sollte klingeln. Hat er aber nicht. Ich bin nämlich, als wäre es das erste Mal, so aufgeregt, dass ich bereits vorher aufgewacht bin. Ich habe nur einen Gedanken: Amerika! Es geht wieder los! Mein Koffer ist gepackt und ab geht es mit dem Auto über die fast leere Autobahn nach Hamburg zum Flughafen.

Meinen Wagen parke ich in der Nähe des Airports und gehe dann zu Fuß zur neuen, großen Abfertigungshalle. Der kleine Spaziergang, am frühen Morgen, gefällt mir. Sitzen kann ich gleich noch lange genug. Da ich ohne Probleme über die A1 gekommen bin, habe ich mein kleines zeitliches Sicherheitspolster nicht benötigt. So bin ich der erste Passagier am Check In. Allerdings weiß ich aus dem letzten Jahr, dass der Schalter erst kurz nach 6.00 Uhr geöffnet wird. Macht nichts, ich bin total entspannt.

Nach dem Einchecken muss ich noch durch die Sicherheitskontrolle. Das ist, für so einen alten Fliegerfuchs wie mich, natürlich kein Problem. Allerdings dauert es heutzutage wesentlich länger als noch vor den bekannten Anschlägen auf das World Trade Center in New York.

Die Schlange schiebt sich träge bis zur Kontrolle dahin und ich möchte mir die Zeit mit einem kleinen Spiel vertreiben. Das Spiel kennt jeder, der schon mal im Supermarkt an der Kasse angestanden hat. Ganz unauffällig blickt man nach links und rechts, um zu sehen welche Schlange am schnellsten ist. Meistens ist es ja nicht gerade die, in der man selber steht. Dann sucht man sich jemanden der auf gleicher Höhe steht und wer dann als erster durch die Kasse kommt, der hat gewonnen.

Richtig Spaß macht es allerdings erst, wenn man jemanden in einer anderen Schlange gefunden hat, der mitspielt. Aber das ist natürlich gar nicht so einfach. Ich bin also auf der Suche nach einem Gegner für ein kleines Rennen. Ich schaue nach links und rechts, dabei mustere ich die wartenden Reisenden. Und plötzlich treffen sich unsere Blicke. Ein Mann steht mit mir auf einer Höhe. Er scheint ein ziemlich cooler Typ zu sein. Ich warte noch ab. Merkt er, um was es geht? Es scheint zu klappen. Wir verstehen uns. Bin ich weiter vorn, kriegt er von mir ein Grinsen, zieht seine Schlange an und er holt auf, grinst er zurück.

Dann ist es soweit. Ich stehe an dem kleinen Förderband vor der Sicherheitsschleuse. Jetzt schnell den Gürtel aus der Hose, den Rucksack auf das Band legen und alle Gegenstände aus Metall aus den Taschen nehmen. Alles zusammen kommt in eine Plastikkiste und läuft über das das Förderband durch den Röntgenkasten.

Ich muss durch den Metalldetektor schreiten. Jetzt bloß nicht einen blöden Schlüssel, oder gar Kleingeld in der Hosentasche vergessen. Der Metalldetektor würde anschlagen und das wäre dann unweigerlich die Niederlage.

Ich nähere mich dem Bogen mit der automatischen Prüfeinrichtung und schaue noch mal zur Seite. Komme ich hier, vor meinem Gegner nebenan ohne „Piepsen" durch, habe ich gewonnen.

Jetzt wird es spannend, fast zeitgleich schreiten wir durch den Scanner und dann ertönt dieses blöde Piepsen. Das Lächeln gefriert mir im Gesicht. Das kann doch wohl nicht wahr sein: Ich habe anscheinend doch etwas aus Metall in meiner Tasche vergessen! Aber nein, das Geräusch kommt von nebenan.

Der Typ ist geschlagen. Ich habe gewonnen. Es steht eins zu null für mich. Mit dem stolzen Siegerlächeln eines Profis gehe ich weiter und will meine Sachen zusammen packen, die durch den Scanner gelaufen sind.

Noch ganz im Siegestaumel registriere ich den zwei Meter-Menschen, der sich zu mir herunterbückt, erst gar nicht richtig. Will der mir etwa zum Sieg gratulieren? Nein, natürlich nicht. Er weiß ja gar nichts von dem kleinen stummen Rennen, das ich mir mit dem Mann aus der anderen Reihe geliefert habe. Der Riese gehört zum Sicherheitspersonal und will mein Handgepäck noch mal checken. Ich habe keine Einwände, was natürlich auch ziemlich töricht wäre. Von mir aus kann der Herr gerne noch mal in meinen Rucksack schauen. Mein Herz ist rein.

Was ich denn in meinem Rucksack habe, möchte er wissen? Er fragt nach den ganzen sicherheitsrelevanten Dingen wie Cremes, Lap Top oder Nagelschere. Nein, Cremes habe ich keine, aber mein kleines neues Netbook ist in der Tasche. Der Mensch vom Sicherheitsdienst beginnt mit der Durchsuchung und hält mir plötzlich ein kleines Zahnputzset unter die Nase. Er will wissen, ob es mir gehört und ob da denn keine Creme drin ist? Etwas kleinlaut muss ich seine Frage bejahen. Und ob er nicht gerade eben danach gefragt hätte? Er schaut mich jetzt ziemlich böse an und ich werde ganz klein. Von wegen Fliegerfuchs und Reiseprofi. Ich sehe ganz schön alt aus und mit gesenktem Haupt, muss ich den Mann in einen speziellen Untersuchungsraum begleiten.

So schnell kann das heutzutage gehen, eben noch ein strahlender Sieger und unbescholtener Reisender und plötzlich, ein mögliches Sicherheitsrisiko. Was für ein Abstieg. Am Ende ist dann aber doch alles halb so schlimm. Mein Rucksack und mein Computer werden noch mal gesondert gescannt und auf Spuren von Sprengstoff untersucht. Dann kann ich alles wieder einpacken. Es werden keine bedrohlichen Substanzen gefunden. Mir hat es aber auch schon so gereicht. Zum Glück bin ich noch in Deutschland. Als ich den Raum verlasse, treffe ich meinen „Renngegner" von vorhin. Er hat meinen kleinen Ausflug in die Tiefen der Sicherheitszone verfolgt und grinst mich an. Okay, okay, ich grinse zurück. Es steht eins zu eins. Unentschieden!

Wir unterhalten uns kurz. Sein Name ist Nick und er hat die coolsten Schuhe an, die ich je gesehen habe. Irgendwie eine Mischung aus Mantaletten und denen von Ali Baba. Das Ganze in blauem Krokodilleder (wenn ich es mir allerdings recht überlege, habe ich noch nie blaue Krokodile gesehen, aber lassen wir das). Nick ist auf dem Weg nach Las Vegas, zum Pokern. Als Beweis zeigt er mir sein Handy. Auf der Rückseite prangt das Pik Ass. Toll. Wir schnacken noch ein wenig über Gott und die Welt, dann trennen sich unsere Wege. Ich muss zu meinem Gate und er zu seinem. Zum Abschied folgt der Standardsatz: Have a nice trip! Danke, dir auch und viel Glück beim Zocken in Vegas.

Vor dem Einsteigen in den Flieger, gibt es beim Boarding erneut eine kleine Kontrolle. Hier stehe ich noch einmal in einer Schlange. Allerdings gibt es kein Rennen. Die einzigen, die an unserer Warteschlange vorbei dürfen, sind die Leute der Flugzeugbesatzung. Der Kapitän sieht so aus, wie ein Flugzeugkapitän auszusehen hat. Ein graumelierter Herr mit imposantem Schnauzbart und tadelloser dunkelblauer Uniform. Freundlich nickend geht er an seinen Fluggästen vorbei. Im Schlepptau folgt seine Besatzung. Einige der Damen scheinen gestern etwas länger unterwegs gewesen zu sein und machen auch gar keinen Hehl daraus. Sie folgen ihrem Chef in das Flugzeug, um es startklar zu machen. Tja, so eine Nacht auf der Reeperbahn kann ganz schön lang werden, da konnte schon Hans Albers ein Lied von singen.

Endlich komme auch ich durch die kleine Kontrolle und dann gehe ich die Gangway hinunter zum Flieger. Zwei der Flugbegleiterinnen stehen vorne am Eingang und begrüßen die ankommenden Passagiere mit einem freundlichen Lächeln. Sie sind jetzt wieder ganz die Profis. Keine Spur mehr von der anscheinend eben noch vorhandenen Müdigkeit. Ich betrete das Flugzeug und gehe zu meinem Sitz. Ich habe einen schönen Fensterplatz, und pünktlich um 9.00 Uhr startet mein Flieger vom

Flughafen Hamburg-Fuhlsbüttel in Deutschland, nach Newark/New York in den Vereinigten Staaten von Amerika. Der Flug mit Continental Airlines dauert acht Stunden und eine Fußballspielhalbzeit. Ich mag diese Verbindung, da es ein Direktflug ist und ich ohne Umwege ans Ziel komme. Auch kann ich während des Landeanfluges schon einen ersten Blick auf Manhattan, den Hudson-River oder Staten Island werfen. Aber bevor es soweit ist, drehen wir erst mal eine kleine Abschiedsrunde über Hamburg. Dann geht es über die Elbe in Richtung Nordsee. Unter mir kann ich noch den Nord-Ostsee-Kanal ausmachen, dann sind wir auch schon über den Wolken. Ich lehne mich entspannt zurück und warte auf das Frühstück.

Heutzutage sind die Interkontinentalflüge, auch in der „Holzklasse", mit einigem Luxus ausgestattet. Die Zeiten, als ein Film für alle gezeigt wurde, sind hier längst vorbei. Jeder Fluggast hat seinen eigenen Bildschirm in der Rückenlehne des Vordersitzes und kann sich sein Programm selbst zusammenstellen. Allerdings ist bei Continental Airlines, da es eine amerikanische Fluggesellschaft ist, nicht jeder Film und jede Serie in deutscher Sprache vorrätig. Zumindest für mich, sind es aber mehr als genug. Zusätzlich gibt es auch noch jede Menge Spiele. Was mich aber am meisten interessiert, sind die aktuellen Flugdaten. Auf einer Landkarte kann ich verfolgen, wo sich unser Flugzeug gerade befindet. Oder anders gesagt, wie hoch wir fliegen und wie schnell wir uns meinen Ziel, New York, nähern.

Der Flug verläuft ruhig und wir landen pünktlich in Newark. Hier ist es jetzt kurz vor 12 Uhr mittags. Die Ankunft mit Immigration (Einwanderungsbehörde)und Zoll sind recht flott abgewickelt und gehören bei mir mittlerweile auch schon zur Routine (oh, oh, besser nicht so weit aus dem Fenster lehnen). Doch ich habe mich inzwischen daran gewöhnt, meine Fingerabdrücke zu geben und meine Iris fotografieren zu lassen.

Die obligatorischen Fragen des Officers, nach Ziel, Art und Dauer des Aufenthaltes, sowie sein grimmiger Blick sind ebenfalls Standard. Er möchte noch wissen, wo und was ich in meiner Heimat arbeite, wann ich das letzte Mal in den USA war und am Ende der Prozedur wünscht er mir einen angenehmem Aufenthalt. Mit einem gut gelauntem „Thank you Sir" reise ich nun offiziell ein.

Jetzt muss ich nur noch meinen Koffer holen und den Zoll passieren, dann bin ich wieder richtig in Amerika und kann fahren wohin ich will.
Am Kofferband stehen schon etliche Menschen, aber ich brauche nicht lange zu warten. Schon aus einiger Entfernung kann ich meinen Koffer erkennen, was allerdings auch nicht zu schwer ist, denn mein Koffer ist ein großer schwarzer Trolli. Spätestens jetzt, könnte der eine oder andere Leser denken, dass ich es beim Schreiben, mit der Wahrheit nicht immer so ganz genau nehme.
Warum? Seinen schwarzen Trolli auf dem Kofferband schon von weitem erkennen? Wer schon mal geflogen ist und dann am Kofferband auf sein Gepäck gewartet hat, weiß was ich meine.

Die ganze Szenerie beim Warten auf die Koffer, erinnert mich an diese Dokumentarfilme über Afrika. Wenn dort die Tiere am Wasserloch stehen und darauf warten, endlich trinken zu können. Alle sind etwas unruhig und sollte es gefährlich werden, jederzeit sprungbereit.
Und gefährlich kann es ja an so einem Wasserloch in Afrika bekanntlich schon mal werden.

Für mich hat das Kofferband in der Ankunftshalle, eine gewisse Ähnlichkeit mit einem Wasserloch in der afrikanischen Wildnis. Hier sind es jedoch die Menschen, welche von einer leichten Unruhe gepackt sind. Warum? Sie brauchen nur noch ihren Koffer und haben dann ihr Ziel fast erreicht. Doch gefährlich kann es hier auch werden, allerdings nur, wenn sich jemand aus der zweiten Reihe auf ein Gepäckstück stürzt und es beim herunterreißen gegen die Schienbeine der Umstehenden knallt. Nur um dann festzustellen, dass der Koffer, den er gerade unter größten körperlichem Anstrengungen vom Kofferband gewuchtet hat, zwar groß, schwarz und schwer ist, aber leider ein falsches Namensschild trägt.

Anscheinend sind gute neunzig Prozent aller Koffer auf den Kofferbändern dieser Welt, groß, schwarz und schwer. Mit langem Gesicht wird dann der fremde Koffer wieder zurück auf das Band gehoben.
So eine Aktion macht die Umstehenden nur noch nervöser. Jetzt bloß nicht den eigenen Koffer verpassen.
Zu blöd, dass die sich alle so ähnlich sehen und die kleinen Anhänger, mit dem Namen drauf, von weitem nicht zu lesen sind.
Warum ist es also für mich ganz einfach? Ich will den kleinen Trick hier gerne verraten. Wohl wissend, wenn es alle tun, ist es vorbei mit der Herrlichkeit. Aber egal, ich mache es einfach.
Als ich das erste Mal mit dem Flugzeug verreisen wollte, hat meine Mutter mir folgenden Rat gegeben: „Du musst eine kleine bunte Schleife an den Griff binden, dann kannst du deinen Koffer immer schon von weitem erkennen"! Wie das ist alles? Das soll der tolle Trick sein?
Genau! Und ich kann hier mit ruhigem Gewissen sagen: „Der Trick ist so simpel, der klappt tatsächlich immer noch". Ist doch schön, wenn man auf seine Mutter hört.

Mit dem Rucksack über der Schulter, dem Trolli hinter mir herziehend, gehe ich zum Zoll. Der Zöllner sammelt nur die von mir im Flugzeug ausgefüllte und vom Immigration-Officer abgestempelte Zollerklärung ein und lässt mich weitergehen. Es gibt keine Fragen und kein Warten. Ich bin jetzt im öffentlichen Bereich des Flughafens und kann gehen wohin ich will. Auch erst mal zur Toilette.

Day 1
Das Auto
Newark Airport

Jetzt brauche ich nur noch das Wichtigste: Mein Auto. Also mache ich mich auf den Weg zum Mietwagenverleiher. Der internationale Flughafen in Newark gehört zu den etwas größeren dieser Welt und so nehme ich die Magnetbahn zu den Autovermieterterminals. Das ist ungefähr so wie S-Bahn fahren, nur eben alles auf diesem großen amerikanischen Flughafen.

Im Gegensatz zu Deutschland ist es hier sehr warm, aber die Bahn ist klimatisiert. Ich habe ein Abteil für mich und meinen Trolli, doch an der nächsten Station steigen zwei orthodoxe Juden ein. Das sind die Jungs in den langen schwarzen Mänteln (trotz der hohen Temperaturen), den schwarzen Hüten und den langen Schäferlocken. Auch in schwarz. Zum Telefonieren haben sie ganz normale schwarze Handys. Oder Cordless Phones, wie der Ami sagt. Die Beiden kümmern sich nicht um mich und so gibt es über die kurze Fahrt nichts Besonderes zu berichten.

Bei meinen Autovermieter steige ich aus. Den Mietwagen habe ich bereits in Deutschland gebucht und brauche ihn jetzt nur noch abzuholen. Soweit zur Theorie.
Ich gehe an den Schalter und werde sofort bedient. Die Dame hinter dem Tresen ist sehr nett und freundlich. Ich reiche ihr meine Unterlagen und sie checkt diese mit Hilfe von ihrem Computer. So weit so gut. Weil ich aber gerne ein bestimmtes Auto fahren möchte, frage ich sie nach einem Dodge Charger. Sie blickt sofort auf und ich bekomme ein strahlendes Lächeln von ihr: „Do you want to upgrade?" Nein, ich möchte kein Upgrade, ich habe doch schon eine richtig gute Mietwagenkategorie von Deutschland aus gebucht. Ich möchte nur den Dodge.
Ich will zwar ein bestimmtes Auto, aber ich möchte nicht noch extra dafür bezahlen. Deshalb versuche ich etwas zu

pokern. Natürlich weiß ich, dass der Charger zur Premiumklasse gehört und somit mindestens zwei Klassen höher angesiedelt ist, als die von mir gebuchte Kategorie. Aber ich habe auch schon mal Glück gehabt und es waren keine kleinen Wagen in der Verleihstation vorrätig. Dann versuchen die netten Angestellten eine bessere Klasse zu verkaufen, obwohl sie wissen, dass sie sowieso keine kleinen Fahrzeuge da haben und ich auch ohne Aufpreis das größere Auto bekommen würde. Die pokern dann auch. Das ist halt ihr Job.

Da ich etwas unschlüssig tue, bietet die Angestellte mir an, den von mir bereits gebuchten Wagen in Augenschein zu nehmen. Ich stimme zu und wir gehen zusammen auf den großen Parkplatz. Draußen ist es sehr heiß und mir wird noch heißer. Der Hof ist proppenvoll. Es stehen jede Menge Autos dort herum.
Mir schwant Böses und ich werde nicht enttäuscht. Es sind alle Modelle vorhanden. Natürlich auch so tolle, kleine, sparsame, enge und unscheinbare Kisten. Die nette Dame zeigt mir freudestrahlend mein reserviertes Auto und ich breche fast zusammen. Jetzt bin ich den Tränen nahe. Vor mir steht so eine gummibereifte Reisschüssel.

Das geht natürlich gar nicht. Ich will den amerikanischen Kontinent durchqueren und bekomme dafür, von einem amerikanischen Autoverleiher, einen japanischen Kleinwagen den ich mit der Kreditkarte einer deutschen Bank bezahle. Irgendwas läuft hier anscheinend gewaltig falsch. Es scheint also auch hier, wie so oft im Leben, eine Frage des Geldes zu sein.
Ich schaue hoch und die nette Frau lächelt mich an. Ich lächele gequält zurück. Sie hat mich natürlich längst durchschaut. Frauen durchschauen mich anscheinend immer. Aber das nur nebenbei.
Und so gehen wir wieder in das klimatisierte Büro zurück. Jetzt stehen wir uns gegenüber, wie bei einem Duell. Nur der schmale Tresen trennt uns voneinander.

Ich versuche ganz cool zu bleiben und stelle, fast nebenbei und so, als ob es mir eigentlich total egal wäre, die alles entscheidende Frage: „Was kostet denn das Upgrade für den Dodge?"

Das Schild auf ihrer grünen Uniform, weist die Lady namentlich als Diana aus. Also schaut Diana erneut auf ihren Bildschirm und gibt einige Befehle in ihren Computer ein. Wieder dieses Lächeln und dann die Antwort: Für schlappe 30 Dollar kann ich upgraden, also die höhere Kategorie bekommen und den heiß ersehnten Dodge mitnehmen. Insgesamt? Ich schöpfe Hoffnung. „Nein, pro Tag natürlich"! Ja nee, is klar. Rums, der nächste Schlag. Erst der Japaner und jetzt der hohe Preis für den Dodge. Das trifft mich nun aber ganz schön heftig. Wie gesagt, ich habe schon in Deutschland gebucht und bezahlt. Allerdings anscheinend nur die „Arme Leute" Kategorie. Was kann ich bloß tun?

Ich soll also, noch mal für 14 Tage, je Tag 30 Dollar zusätzlich bezahlen. Blitzschnell versuche ich im Kopf auszurechnen, was das für meine Reisekasse bedeutet. 10 Tage mal 30$ sind schon mal 300$ und dann kommen da noch 4 Tage mal 30$ dazu. Gut, ganz so blitzschnell bin ich dann doch nicht im Kopfrechnen, aber die Summe liegt auf jeden Fall jenseits meiner Möglichkeiten.

Das ist definitiv viel zu viel Geld. Meine Knie werden weich und ich halte mich am Tresen fest. Jetzt brauche ich nicht mehr cool zu tun, der Schock steht mir wahrscheinlich ins Gesicht geschrieben.

Es ist anscheinend ein ungleiches Duell. Ich bin meiner Gegnerin total unterlegen und ich glaube fast, sie hat es bereits gemerkt. Nein, ich glaube es nicht nur, ich weiß es. Ich habe gegen sie keine Chance. Ich sehe mich schon mit so einem tollen kleinen Japaner durch Amerika fahren. Nein, nein und noch mal nein! Lieber will ich auf Essen und Trinken verzichten und unter Brücken schlafen. Alles, nur nicht dieser tolle Kleinwagen!

Hatte ich schon erwähnt, dass Diana sehr freundlich ist und mich ständig anlächelt? Sie ist aber keine Japanerin.

So kann es nicht weitergehen. Ich habe zwar schon davon gehört, aber es noch nicht selbst erlebt. Es soll Menschen geben, die in scheinbar aussichtslosen Situationen, plötzlich über sich hinauswachsen und Dinge tun, die sie normalerweise nie tun würden. Und ja, in diesem Augenblick werde ich einer von ihnen. Ich reiße mich zusammen und blicke Diana fest in die Augen. Und dann tue ich es wirklich! Ich frage sie, ob es nicht noch irgendeine Möglichkeit gibt, den Preis zu drücken? Ich erinnere mich an meine Mitgliedschaft im Allgemeinen Deutschen Automobilclub. Na klar, da gibt es doch den amerikanischen Ableger: Tripple A (AAA).

Hoffnungsvoll schaue ich zu Diana herüber.

„Oh, Tripple A, da muss ich noch mal nachsehen." Diana gibt erneut etwas in ihren Computer ein und blickt dann wieder auf. Ja, es ist möglich, aufgrund der Automobilclub - Mitgliedschaft einen Rabatt zu bekommen.

Ich schöpfe Hoffnung und nachdem ich schon am Boden lag, komme ich (bildlich gesprochen) langsam zurück auf die Knie.

Ich könnte das Auto für 20 Dollar zusätzlich, natürlich pro Tag, bekommen. Wieder ist Kopfrechnen angesagt, aber schon bei 10 Tage mal 20$ weiß ich, dass es nichts wird. Ich werde dem Japaner wohl nicht entkommen. Doch so schnell gebe ich mich jetzt nicht mehr geschlagen. Schließlich bin ich hier im Land der unbegrenzten Möglichkeiten. Noch einmal hebe ich den Kopf und blicke in die mir nun schon bekannten Augen.

Dann nehme ich meinen ganzen Mut zusammen und sage der freundlichen Angestellten vom Autovermieter, dass es immer noch zu viel Geld für mich ist. In Deutschland traue ich mich nicht einmal auf dem Flohmarkt zu handeln. Diana sieht mich an und ich rechne schon fast damit, dass sie nach der Security ruft. Aber stattdessen wendet sich Diana wieder ihrem Computer zu.

Ihre langen Finger, mit den scheinbar noch längeren roten Fingernägeln, huschen über die Tasten und als sie erneut aufblickt, haucht sie ein: „15 Dollars per day", über die Theke. Jetzt strenge ich meinen Kopf gar nicht mehr weiter an. Es hätte wohl auch keinen Sinn. Dort wo eigentlich mein Gehirn sein sollte, spüre ich nur eine große Leere. Ich kann gerade noch nicken. Diana lächelt. Ich lächle auch. Die Verhandlungen sind beendet. Ich habe es geschafft. Sie mich auch. Ich weiß nicht, wie lange wir so hin und her gehandelt haben. Doch ich kann jetzt endlich „mein" Auto übernehmen. Es werden noch einige Zahlen auf dem ursprünglichem Vertrag geändert und meine Visa Card scheint leicht zu glühen, als Diana diese durch das Lesegerät zieht. Aber jetzt ist mir alles egal, ich habe den Dodge Charger! Ein richtiges amerikanisches Auto für einen richtigen amerikanischen Road Trip.

Mit dem Koffer in der einen und den Papieren in der anderen Hand, gehe ich nach draußen. Leider ist der Dodge Charger auf dem vollen Parkplatz total zugeparkt. Ich muss noch einmal zurück und bitte Diana mich zu befreien. Alles kein Problem, sie lässt mich raus. Ein freundliches Winken und ich fahre Richtung Ausfahrt. Unterwegs komme ich an dem kleinen Japaner vorüber, in dem ich fast die nächsten 14 Tage verbracht hätte. Eigentlich will ich ihm den Finger zeigen, aber das wäre wohl auch unfair. Deshalb fahre ich einfach dran vorbei und freue mich auf meine 5000 Meilen westwärts.

Die letzte Hürde vor der großen Freiheit, für meinen Dodge und mich, ist die Ausfahrt vom Gelände des Autovermieters. Hier sitzt noch eine Angestellte und überprüft meine Unterlagen. Ist ja klar, sonst könnte man sich einfach ein Auto nehmen (die Schlüssel stecken fast immer) und damit auf nimmer wiedersehen vom Parkplatz verschwinden. Da ich meinen Wagen rechtmäßig gemietet habe, versinken die riesigen Stahlhaken, die sich mir bis eben drohend entgegen reckten und sonst die Autoreifen in kleine Scheiben schneiden würden, wieder in der Fahrbahn. Ich kann endlich los.

Day 1
Der Start
Staten Island - Manhattan

Doch bevor es Richtung Westen geht, muss ich erst einmal zurück, nach New York City. Schließlich soll meine Reise auch tatsächlich am Atlantischen Ozean beginnen und nicht schon am Flughafen von Newark, 10 Meilen vom Meer entfernt, im Inland.
Um der Verwirrung vorzubeugen, darf ich kurz die Begrifflichkeiten erklären. Mein alter Erdkundelehrer wäre wohl stolz auf mich, denn früher konnte ich auf der Landkarte nicht mal die Elbe von der Weser unterscheiden. Aber da gab es ja auch noch kein Internet mit Google Maps und die Flüsse auf der Schullandkarte waren auch nicht beschriftet. Was ich damals ziemlich unfair fand.

Aber kommen wir zur Sache: Für uns Deutsche ist New York oft gleichbedeutend mit Manhattan. Dabei ist Manhattan nur einer der insgesamt fünf New Yorker Stadtbezirke, die hier Boroughs genannt werden. Die anderen vier sind Brooklyn, Queens, The Bronx und Staten Island. Natürlich sind diese auch noch mal wieder in kleinere Stadtteile aufgeteilt. Wer kennt nicht beispielsweise Harlem und seine weltberühmten Globetrotters? Oder China Town, oder Little Italy. Ja, wir merken schon, New York ist uns doch näher als eventuell gedacht.

Um den gleichnamigen Bundesstaat und die Stadt New York auseinander zu halten, spricht der Amerikaner von New York City, kurz „NYC" oder „The big Apple (Der große Apfel)." Mit seinen mehr als 8 Millionen Einwohnern, gehört New York City zu den größten und auch teuersten Städten der Welt. Rechnet man die Vororte hinzu, kommt man auf über 19 Millionen Menschen in der sogenannten Metropolregion.
Der Grundstein wurde vor fast 400 Jahren gelegt, als die Insel Manna-hatta, heute Manhattan, den Indianern von einem Holländer abgekauft wurde. Damit begann der

unaufhaltsame Aufstieg zur größten Stadt Amerikas. NYC ist einfach eine Stadt der Superlative und ich könnte noch jede Menge wichtiger und unwichtiger Zahlen, Daten und Fakten aufzählen. Aber es gibt bestimmt schon genug Bücher zu diesem Thema und deshalb will ich es dabei belassen.

Ich fahre erst mal rechts ran, packe mein Navi aus und klebe es an die Scheibe. Jetzt kommt der entscheidende Moment. Funktioniert das Gerät noch? Ich habe es im letzten Jahr hier in einem großen Einkaufszentrum erstanden. Da es jedoch nur Landkarten für USA und Kanada gespeichert hat, konnte ich es in Deutschland vorher nicht noch mal ausprobieren.
Aber das Navigationsgerät enttäuscht mich nicht. Es sucht die Satelliten und schon zeigt es mir an, wo ich mich gerade befinde. Unter dem Begriff „letzte Ziele" finde ich dann die Adresse, die ich bei meiner letzten Tour eingegeben habe und die ich nun brauche: Staten Island, King George. Das ist der Hafen der Fähre, die zwischen Staten Island St. George und Manhattan Whitehall hin und her pendelt. Da will ich jetzt hin.

Die Fahrt vom Flughafen zur Fähre ist relativ kurz, nur eine knappe halbe Stunde. Allerdings sind die Autobahnen, die ich ab jetzt Highways nenne, ziemlich voll. Es ist hier Freitagnachmittag und ich bin gegenüber Deutschland 6 Stunden zurück. Das lange Labor day weekend steht vor der Tür. Montag wird in Amerika der Tag der Arbeit gefeiert und viele Leute machen daher, passenderweise, heute etwas früher Feierabend. Sie begeben sich jetzt schon auf den Weg zu ihren Kurzurlaubszielen.

Ich möchte also von Newark rüber nach Staten Island. Kurz vor der Goethals-Bridge fächert sich der Highway von 2 Spuren auf mindestens 12 Fahrstraßen auf und ein dementsprechend langes Gebäude versperrt die Weiterfahrt. Es ist die Tollstation, also die Mautstation. Die Amerikaner haben es sich anscheinend zum Ziel gesetzt, die Nutzer dieser Brücken an den Kosten für deren Instandhaltung oder was auch immer zu beteiligen. Ich bin da natürlich keine Ausnahme, ich muss auch bezahlen. Meiner Einschätzung nach, könnten sie mit den Einnahmen jedes Jahr eine neue Brücke bauen. Aber wahrscheinlich wird das Geld auch für diverse andere Dinge eingesetzt. Das ist wohl auch nicht anders, als bei uns. An jeder Durchfahrt steht ein Bediensteter und kassiert die Gebühr von 8 Dollar. Es gibt aber auch die Möglichkeit einen sogenannten E-Pass zu benutzen. Der wird ins Auto gehängt und die anfallende Gebühr wird beim Durchfahren elektronisch gespeichert und dann direkt vom Konto abgezogen. Hierzu ist allerdings vorab eine Registrierung erforderlich. Mir bleibt nur die Barzahlung. Die Gebühr wird immer nur in eine Richtung erhoben. Die Rückfahrt ist dann gratis und geht entsprechend schneller, da der Stopp für die Zahlung entfällt.

Wie ich anfangs erwähnte, gibt es um New York City herum eine Menge Wasser. Der Hudson River, der East River und selbstverständlich liegt auch der Atlantik praktisch vor der Tür. Man kommt also nicht umhin, Brücken, Tunnel oder Fähren zu benutzen. Es fliegen auch jede Menge Helikopter, wie riesige Hornissen, durch die Gegend um ganz eilige Geschäftsleute, sehr wichtige Menschen oder auch einfache Touristen, die ab 100 Dollar aufwärts über haben, durch die Lüfte zu schaukeln. Wer kein Geld ausgeben kann, oder will, nimmt die berühmte Staten Island Ferry und genießt die Überfahrt nach Manhattan ganz umsonst. So wie ich. Meinen Dodge stelle ich ins Parkhaus und gehe hinunter zum Hafen.

Die Wartehalle ist so voll wie immer und alle lauern auf die Ankunft der Fähre. Es sind einige hundert Menschen in dem Vorraum. Einer von ihnen beglückt die Anwesenden lautstark mit Geschichten über seine religiösen Erfahrungen, aber offensichtlich wird er von allen ignoriert. Dann öffnen sich die großen Glastüren und die Menge strömt über die breite Gangway an Bord.

Das geübte Auge erkennt natürlich die vielen Touristen, das ungeübte allerdings auch. Die Fahrt mit der Staten Island Ferry hat die Entwicklung vom Geheimtipp in einigen Reiseführern, zu einem offenen Geheimnis längst vollzogen. Nicht zuletzt durch das Internet ist diese kostenlose Mini Cruise zu einem der beliebtesten New York Highlights geworden.

Ich gehe gleich ganz nach oben auf das Hurrikane Deck und suche mir eine windgeschützte Ecke. Hier genieße ich die knappe halbe Stunde während der Überfahrt ganz für mich allein. Ein toller Blick auf die Skylines von Jersey City, Brooklyn und Manhattan sind inklusive. Was mich aber am meisten beeindruckt ist Liberty Island mit der Freiheitsstatue und nebenan Ellis Island. Hier haben damals die Auswandererschiffe aus Bremerhaven oder Hamburg angelegt und viele Tausend Menschen aus Europa, mit all ihren Träumen und Hoffnungen auf ein besseres Leben, von Bord gehen lassen. Aber das ist eine andere Geschichte. Diese wird sehr gut im Auswandererhaus in Bremerhaven und dem Museum auf Ellis Island, anhand von realen Schicksalen, wieder lebendig.

Miss Liberty grüßt mich beim Vorbeifahren und ich grüße zurück. Man kennt sich halt. Auf der Steuerbordseite sehe ich die Queen Mary 2 im Hafen von Brooklyn. Dann legt die Fähre an. Die Leute gehen von Bord und ich bin wieder da. Mein Manhattan. Ich habe das ganze Jahr an fast nichts anderes gedacht. Na ja, aber fast. Ich mag halt Manhattan einfach. Ich gehe erst einmal aus der großen Ankunftshalle heraus und stelle mich etwas abseits des gewaltigen Menschenstromes. Dann trete ich hinaus in die Sonne und Manhattan trifft mich mit voller Wucht. Das quirlige Leben, die Autos und natürlich die riesigen Bürogebäude bauen sich plötzlich vor mir auf. Wahnsinn. Jetzt bin ich richtig angekommen.

Ich bin ziemlich hungrig und weiß auch schon, was ich dagegen tun werde. Links von mir liegt der Battery Park.

Von hier aus starten die Ausflugsschiffe nach Ellis Island und zur Freiheitsstatue auf Liberty Island. Auch die Coast Guard, die amerikanische Küstenwache, ist hier stationiert. Vor ein paar hundert Jahren, hatten die Holländer hier am Ufer riesige Kanonen stehen. Mit deren Hilfe konnten sie ankommende Schiffe und deren, ihnen nicht wohl gesonnene, Besatzungen überzeugen, sich einen anderen Hafen zu suchen. Eine der Kanonen ist erhalten geblieben und steht hier immer noch.

Heute gibt es hier einige als „Miss Liberty" verkleidete Menschen, die sich, gegen ein paar Dollars, mit den Touristen fotografieren lassen. Manche sind echt klasse und stehen dem Original, außer natürlich in der Größe, in nichts nach. Die Preise für ein Foto mit ihnen sind nicht ohne, aber es ist ja Urlaub und ein schönes Souvenir kann man sich auch schon mal was kosten lassen. Straßenverkäufer bieten teils kitschige, teils schöne Bilder von New York an. Die Sonne scheint auf alles herab und mehrere hart gebeutelten Touristen sind froh, einen Platz auf einer schattigen Bank zu bekommen.
Zu guter Letzt bevölkern da noch die organisierten Hot Dog Verkäufer den Park. Da kommt morgens ein großer Truck und lädt die ganzen fahrbaren Verkaufsstände, für alles was der hungrige Mensch so braucht, ab. Hier gibt es Zuckerwatte, Mandeln und selbstverständlich die berühmten New Yorker Hot Dogs. Abends, wenn die Tagestouristen das Weite gesucht haben, kommt der Truck zurück und lädt wieder alles auf.
Tagsüber schieben dann die Verkäufer mit ihren kleinen Handkarren durch die Gegend, auf der Suche nach Opfern. Natürlich in Form von unwissenden Touris. Fast Food hin oder her. Diese Hot Dogs sind vielleicht berühmt aber nicht zwangsläufig eine positive Erweiterung meiner kulinarischen Erfahrungen. Ich habe sie mal probiert und will es nicht unbedingt noch einmal machen.
Deshalb ist es immer gut, wenn man noch einen kleinen Trumpf in der Hinterhand hat. Und ich habe einen.

Zwischen den ganzen Menschen, gehe ich in Richtung Wall Street und suche mir ein schönes First Class Restaurant. Warum sollen schließlich nur die Banker gut essen? Na ja, ich will zwar tatsächlich zu einem First Class Restaurant, allerdings zu einem etwas anderen. Ich halte Ausschau nach dem silbernen Food Truck, oder auf gut deutsch Imbisswagen, der Familie Flodder. Tatsächlich habe ich Glück, er steht noch zwischen den Hochhäusern am Straßenrand. Wie gesagt, es ist schon Nachmittag und das Hauptgeschäft mit Breakfast und Lunch, also Frühstück und Mittag, ist bereits vorbei. Die Kunden, Broker, Banker und alle anderen Nadelstreifenmenschen sitzen längst wieder mit vollen Bäuchen vor ihren Computern und verkaufen ihren betuchten Kunden, abermals die „wahrscheinlich beste Gelegenheit ihres Lebens".

Ich habe die Flodders vor fast genau drei Jahren kennen und schätzen gelernt. Damals wollte ich mit meinen Kumpels, Kalle und Klaus, eine Radtour durch Manhattan machen. Wir kamen morgens mit der Fähre an, hatten noch etwas Zeit und waren, na klar, hungrig. Wir folgten einfach dem Strom der Damen und Herren in schwarzen Kostümen und Anzügen in Richtung des Financial Districts. So wird das Bankenviertel, mit seinen berühmten und leider auch mittlerweile berüchtigten Banken, rund um die Wall Street genannt.
Einige der schwarz gekleideten Menschen blieben am besagten Imbisswagen stehen und ließen sich entweder Papiertüten oder kleine Pakete in Alufolie geben. Natürlich durfte auch der Kaffee, der Orangensaft oder die Coke nicht fehlen. Wir wollten uns schon anstellen, aber etwas ließ mich noch zögern. Konnte ich den scheinbar seriösen Bankern wirklich trauen? Nur weil die vermeintlich feinen Leute dort ihre Lunchpakete kauften, musste der Laden ja nicht unbedingt gut sein.

Wie hungrige Wölfe umkreisten wir damals den Imbisswagen, bereit, bei dem kleinsten Hinweis auf wirklich gutes Essen, zu zuschlagen. Wir mussten nicht lange warten. Der Hinweis kam kurz darauf, in Form einer kleinen Gruppe muskelbepackter Arbeiter. Die Jungs kamen von einer nahe gelegenen Baustelle und orderten ihr Frühstück. Sandwiches in allen Variationen und Ausführungen. Das war für uns das Zeichen. Jetzt konnte es keinen Zweifel mehr geben! Wenn die harten Männer vom Bau hier essen, dann können wir das auch. Und so schlugen wir ebenfalls zu.

Ich stellte mich vor die Verkaufsluke und gab unsere Bestellungen auf. Die Flodders im Imbisswagen sind ein eingespieltes Team. Er nimmt die Bestellungen auf und sie steht am Grill. Alle Sandwiches werden frisch zubereitet. Als ich an der Reihe war, kam ich allerdings ziemlich ins Schleudern. Mr. Flodder fragte mich, welchen Käse ich möchte und er fing prompt an, seinen ganzen Vorrat aufzuzählen. Ich kannte weder die ganzen englischen Namen für seine Käsesorten, noch konnte ich seinen Aufzählungen auch nur annähernd folgen. Aber als er „American" sagte, stoppte ich ihn einfach. Ja, genau den, den American. Den möchte ich haben.

„Aber gerne, kommt sofort."

Kurz darauf war unser Frühstück fertig und der Imbisswagenbesitzer reichte uns lächelnd die Pakete aus dem Wagen. Zu jedem Essen gehörte auch noch eine kleine Tüte Kartoffelchips. Wir waren ja schließlich in Amerika. Die Tüten hingen von außen am Imbisswagen und wir durften uns drei Tüten wegnehmen. Klaus, Kalle und ich, saßen dann, neben den lustvoll kauenden Bauarbeitern, vor einem dieser riesigen Bankenhochhäuser und genossen unsere Sandwiches mit Turkey, Ham, Eggs, Cheese und was weiß ich nicht noch alles. Einfach lecker.

Währenddessen zog die, anscheinend niemals endende, Karawane der hastenden Menschen an uns vorüber. Hätte einer dieser vielen Leute sich kurz die Zeit genommen, uns genauer anzusehen, er hätte uns zweifellos für die einstmals berühmten Sänger von „Village People" halten können. Wie wir da so saßen, zwischen den ganzen harten Männern vom Bau, ich in meinen engen Radlerhosen und mit Sandalen an den Füßen (mein Bruder Klaus hatte wenigstens noch Turnschuhe an). Aber ich glaube nicht, dass uns irgendjemand richtig zur Kenntnis genommen hat. Warum auch? Time is Money.

Ja, so war das damals. Aber zurück zur Gegenwart. Auch heute überreicht mir Mr. Flodder wieder ein leckeres Sandwich, während seine Frau vorne auf dem Beifahrersitz ihren, wahrscheinlich wohlverdienten, Mittagsschlaf hält. Meinen Segen hat sie allemal. Ich denke, die beiden haben bestimmt einen ziemlich harten Job. Ihr Essen ist echt Klasse und immer frisch zubereitet. Die Preise sind für diese Gegend unschlagbar.

Natürlich heißen die beiden nicht Mr. und Ms. Flodder. Ihre Ausweise hängen nämlich vorschriftsmäßig und gut sichtbar an einer Scheibe ihres silbernen Trucks. Sie kommen aus New Jersey und heißen tatsächlich ganz anders. Wie komme ich also auf diesen Namen? Die Antwort ist einfach: Vor vielen Jahren lief mal so ein Film im Kino. Die Hauptdarsteller waren eine wilde Familie namens Flodder. Die Mutter rannte immer mit einer Zigarette im Mundwinkel in der Küche herum und ihre Klamotten sahen aus, als käme sie gerade aus dem Bergwerk.

Jetzt fragt sich der geneigte Leser sicherlich, was das denn mit den Betreibern eines so von mir gelobten First Class Imbisswagens in Manhattan zu tun hat? Die Antwort ist ganz einfach. Sie sehen tatsächlich aus wie das Ehepaar im Film. Ms. Flodder wäre die optimale Kandidatin für eine Vorher/Nachher-Show und wenn Mr. Flodder mir mein Essen aus dem Wagen reicht, gibt es ein Lächeln dazu, dass wahrscheinlich in ganz New York seinesgleichen sucht. Da ihm etliche Zähne fehlen, könnte man auf die Idee kommen, dass es mit dem amerikanischen Gesundheitswesen nicht ganz weit her ist, wenn ein offensichtlich hart arbeitender Mann nur so wenige Zähne hat. Vielleicht liegt es aber auch nicht am System, sondern er hat einfach Angst vorm Zahnarzt. Egal, ich kann und will das Problem hier nicht lösen, sondern nehme mein Essen und setzte mich mit meinen Leckereien auf eine sonnige Bank und freue mich des Lebens.

Ich finde es immer wieder bemerkenswert, dass es fast überall Plätze gibt, an denen man ganz für sich ist und etwas auf sich wirken lassen kann. Ich suche mir eine kleine Nische, etwas außerhalb der „Ameisenwege" und schon umgibt mich eine wohltuende Ruhe. Natürlich nur, soweit man in Manhattan von Ruhe sprechen kann. Gehe ich jedoch um die nächste Ecke, oder eine Straße weiter, manchmal sind es nur ein paar Meter, ist man, von einem Moment auf den anderen, wieder mitten in der größten Menschenmasse.

Ich habe einen ruhigen Platz gefunden und mein Sandwich ist genauso, wie ich es erwartet hatte. Es schmeckt einfach lecker und so mache ich mich frisch gestärkt auf den Weg. Ich hatte ursprünglich für heute noch große Pläne: Ich wollte mir ein Rad leihen und mir außerdem noch einiges ansehen. Aber wenn ich auf meinen Reisen in den Vereinigten Staaten von Amerika eines gelernt habe, dann ist es Bescheidenheit.

Oder zumindest so etwas Ähnliches.

Hat man zuhause bei der Reiseplanung die Landkarten und Reiseführer vor sich, kann es passieren, dass man glaubt, alles ist möglich. Ganz schnell entsteht eine lange Liste der Sehenswürdigkeiten und der Dinge, die der Reisende unbedingt in Amerika machen möchte. Hier die eine Stadt, dort die andere. Auf der Landkarte ist ja alles ziemlich dicht beieinander. Da kann ich doch auch noch mal hinfahren und dorthin auch. Und dann noch hier hin und da hin. So geht es dann immer weiter, bis diese scheinbar nicht enden wollende Liste fertig ist.

Ja, und dann ist der Fremde vor Ort und alles ist viel, viel größer und weiter als er es sich jemals zu Hause in seinem Wohnzimmer, vor dem 19 Zoll Bildschirm und seinen Landkarten, vorstellen konnte. Und dann erst noch die Zeit, sie scheint zu fliegen.

Von den zehn Highlights, für die ein Vormittag einge-
plant war, sind selbst am späten Abend noch nicht alle
abgehakt. Gerade mal die Hälfte. Die Eindrücke sind
überwältigend und jetzt gibt es mindestens zwei Möglichkeiten. Entweder ich reduziere mein Programm und mache zuerst die mir am wichtigsten erscheinenden Dinge,
oder ich will alles, kann es aber kaum schaffen und erst
recht nicht genießen. Dann kommt unter Umständen
schnell der Punkt, an dem die ganze Sache nicht mehr so
richtig Spaß macht. Ich möchte aber Spaß haben.

Doch was will man machen. Jeder kennt doch die Situati-
on, wenn man zu Hause von seinen Reisen schwärmt und
plötzlich der liebe Onkel, der alles weiß und jeden kennt,
die absolut entscheidende Frage, nach einem bestimmten
Ort, oder einer bestimmten Sehenswürdigkeit stellt: „Na
mein Junge, du bist doch sicher auch in dem berühmten
Museum of Modern Art gewesen, oder?" Oh, oh, wehe,
man hat gerade dieses vermeintliche Highlight nicht besucht. Mann, dann ist aber was los. „Wie, du warst in
New York und hast/bist nicht..."? Mit einem Mal sind alle
Zuhörer wieder hellwach und man selber kommt in Er-
klärungsnot. Nicht mehr die vielen schönen Highlights
sind wichtig, sondern einzig und allein, dieses eine nicht
besuchte Gebäude oder was auch immer. Das ist jetzt das
Hauptthema der Gesprächsrunde. Lässt man sich dann
darauf ein und versucht auch noch sich zu verteidigen
(ich wollte ja, aber meine Frau...), hat man schon verloren. Wie gesagt, ich habe ein wenig aus meinen Erfahrungen gelernt. Ich weiß längst, dass ich nicht alles sehen
und machen kann. Wenn ich etwas nicht gesehen habe,
sage ich mir immer, dass ich mir ja für die nächste Reise
auch noch was überlassen muss. Dagegen gibt es dann
kaum ein Argument.
Ich versuche also, die Dinge, die ich gerade mache, zu
genießen. Anstatt weiter zu rennen oder zu fahren, bleibe
ich dann halt etwas länger und halte mein Gesicht in die
Sonne. Ich setzte mich auf einen Stein oder eine Bank
und lasse die anderen Leute an mir vorbei hasten.

Besser noch, ich setzte mich ein paar Meter weiter und habe auch noch in einer Millionenstadt meinen Platz gefunden, wo ich wirklich meinen Urlaub genießen kann. Denn das ist es ja schließlich: Urlaub.

So wie jetzt gerade. Ich sitze in einer ruhigen Seitenstraße. Am Straßenrand parken große schwarze Limousinen. Die dazu gehörenden Fahrer, alle mit einem tollen, imposanten Turban, halten ein kleines Schwätzchen. Die Männer machen hier Pause und warten auf den nächsten Auftrag. Obwohl rings um uns herum die riesigen Häuser in den Himmel ragen, ist es hier irgendwie fast idyllisch. Satt und zufrieden stehe ich auf und gehe vorbei an den Straßenhändlern weiter in Richtung Wall Street.

Vor der New Yorker Börse steht ein großer bronzener Bulle, als Wahrzeichen für anhaltend steigende Kurse. Vom Bären, der für die fallenden Kurse zuständig ist, ist weit und breit nichts zu sehen. Gut, das Thema Börse ist ein anderes und ich will es hier mal ausklammern. Auf jeden Fall turnen jede Menge Menschen an dem Bullen herum und fotografieren ihn aus allen möglichen und unmöglichen Blickwinkeln. Die Hörner sind so oft angefasst worden, dass sie mittlerweile total blank gerieben sind und in der Sonne golden glänzen. Allerdings sind auch noch andere Körperteile blank gerieben, an die ein lebender Bulle bestimmt niemanden herangelassen hätte. Aber dieser Stier ist ja aus Bronze und lässt so einiges mit sich machen. Die Menschen freuen sich jedenfalls und kriechen weiter zwischen seinen Beinen herum.

Bisher habe ich in Amerika auf ein eigenes Handy verzichtet und mich mit Telefonkarten über Wasser gehalten. Das hatte auch immer tadellos funktioniert. Von jeder kleinen Telefonzelle im Land konnte ich nach Deutschland und natürlich auch innerhalb Amerikas telefonieren. Ansonsten kann man sich, wie man es eventuell aus dem Kino kennt, an eben diesen Telefonzellen zurückrufen lassen. Das klappt auch immer, man muss nur die in der Telefonzelle angegebene Nummer durchgeben und dann auf den Rückruf warten. Der ist ja heutzutage von Deutschland aus, fast spottbillig. Es ist schon ein komisches Gefühl, wenn es plötzlich in der Telefonzelle an der Fifth Avenue, oder auch irgendwo an einer Tankstelle im Nirgendwo, klingelt und meine Frau in Deutschland ist dran. Irgendwie finde ich das auch viel cooler als ein Handy. Das hat schließlich jeder.

Aber die Zeit bleibt ja bekanntlich nicht stehen und die Erde dreht sich weiter. Somit habe ich dieses Mal sozusagen eine Premiere. Nach langen hin und her überlegen, bin ich noch in Deutschland stolzer Handybesitzer geworden. Ich habe mich lange gesträubt, mir ein neues Gerät zu kaufen. Mein Modell aus dem Jahre 2002 funktioniert zwar immer noch tadellos, allerdings nicht in Amerika, da fehlt ihm ein Kanal und ist hier deshalb nutzlos. Schade eigentlich.
Aber das ist jetzt Geschichte. Ich versuche also mit meinem tollen neuen Handy, mit dieser megakrassen Benutzeroberfläche, auf der man alles so mit den Fingern hin und her schieben kann, zu telefonieren. Ich habe schon als kleiner Junge davon geträumt, einmal einer dieser wahnsinnig coolen Menschen zu sein, die mit dem Handy am Ohr durch die Wall Street schlendern (na, wenn das mal nicht gelogen ist). Aber egal, jetzt ist es endlich soweit. New York ist da, das Handy ist da und ich bin auch da. Aber leider hat mein neues Telefon, wie gerade beschrieben, keine richtigen Tasten, sondern eben nur ein Display. Ich gebe alles, aber ich komme mit dem Ding einfach nicht richtig zurecht. Es geht immer wieder aus. Ich hätte in Deutschland eventuell mal etwas üben müssen. Aber jetzt ist es zu spät.

Ich kriege es einfach nicht hin. Mir bleibt deshalb nichts anderes übrig, als eine Telefonzelle aufzusuchen und eine meiner alten Telefonkarten zu benutzen. Mein Handy halte ich trotzdem noch mal ans Ohr, ich kann ja wenigstens so tun als ob. Wie ich schon sagte, die Zeit rennt in New York und ich wäre gerne noch länger geblieben.

Aber ich habe noch einen kleinen Weg vor mir. Was soll ich machen, wenigstens konnte ich mal wieder in Manhattan vorbeischauen. Es war zwar nur ein ziemlich kurzer Besuch, aber gelohnt hat es sich allemal.

Um 19.00 Uhr bin ich zum Dinner eingeladen und muss deshalb jetzt los. Ich gehe weiter zum Fährhafen und nehme das nächste Schiff zurück nach Staten Island.

Die Rückfahrt gefällt mir eigentlich noch besser als die Hinfahrt. Ich hatte es ja sicher schon mal erwähnt, dass ich Manhattan sehr mag. Aber bei aller Liebe zu dieser Stadt, irgendwann reicht es selbst mir und ich freue mich auf die Ruhe während der Überfahrt. Wenn die Fähre ablegt und die einzelnen Hochhäuser zur Skyline werden, um dann immer kleiner zu werden, um schließlich nur noch in der in der Ferne zu glitzern. Dann bin ich immer froh, dieser irren Stadt, diesem Moloch, entkommen zu sein. Allerdings nur bis zum nächsten, Tag, dann zieht sie mich wieder magisch an, die Stadt die niemals schläft: New York City!

Die Überfahrt ist viel zu schnell vorbei und die Fähre legt an. Alle Passagiere müssen die Fähre verlassen, auch die, die wieder mit zurück wollen, sollen erst mal runter von Bord. Ich gehe mit ihnen an Land. Mein Auto steht im Parkhaus, nur wenige Minuten von dem Fähranleger entfernt. Die Parkgebühren, sind im Vergleich zu Manhattan einfach lächerlich. Hier auf Staten Island zahle ich für den ganzen Tag vier Dollars. Drüben in Manhattan wäre ich mit mindestens dreißig dabei. Parkraum ist dort knapp und so sind die Preise entsprechend hoch.

Ich hole mein Auto aus dem schattigen Parkdeck und mache mich auf den Weg nach New Jersey. Die Straßen sind nach New Yorker Maßstäben jetzt nur noch mäßig gefüllt und ich komme ohne Staus bis Long Valley. Heute werde ich bei meinem Kumpel Mike übernachten und morgen meine Reise, quer durch den amerikanischen Kontinent, nach Seattle antreten. Jo.

Day 2
Long Valley New Jersey – Detroit Michigan

Heute ist mein erster richtiger Reisetag. Ich starte um 5.00 Uhr morgens in Richtung Cleveland Ohio und verbringe einen wunderschönen Tag auf dem Highway. Nach fast 700 Meilen, oder 1100 Kilometern und 13 Stunden Autofahrt bin ich schon in Detroit.
Richtig, Detroit! Die Hauptstadt der amerikanischen Automobilindustrie. Hier hat alles mit Henry Ford angefangen. Heute steht eine Autofabrik neben der anderen. Chrysler, General Motors und Ford sind die „Big Three", also die großen Drei der amerikanischen Autobauer.
Wie gesagt, es sind alle amerikanischen Autohersteller hier, die Rang und Namen haben. Aber auch japanische Namen grüßen die, auf dem Highway vorbeifahrenden Reisenden. Die großen deutschen Automobilkonzerne, wie Daimler und BMW, haben sich hingegen im Süden, in Alabama angesiedelt, während Volkswagen in Tennessee seine Fahrzeuge baut. Für automobilen Nachschub, ist auf den Straßen also ausreichend gesorgt.

So, das war jetzt die Kurzform des zweiten Tages, aber ich denke, ich hole noch mal etwas aus. Gestern Abend gab es erst mal ein Wiedersehen mit einigen meiner amerikanischen Verwandten. Meine Tante hatte ein leckeres Abendbrot, hier sagt man ja bekanntlich Dinner dazu, gezaubert und wir haben es uns gut gehen lassen. Ich denke sie brät die wahrscheinlich besten Koteletts in ganz Amerika. Ganz bestimmt sogar.

Gut versorgt ging ich gestern Abend ins Bett und durch die Zeitverschiebung bin ich heute Morgen ziemlich früh wieder aufgewacht. Somit kann meine Reise beginnen. Im Haus ist es, so zeitig am Morgen, noch total ruhig und da ich mich gestern Abend schon verabschiedet habe, brauche ich nur meinen Koffer einzuladen, mein Navi anzuschalten und loszufahren.

Ich möchte an dieser Stelle noch einmal kurz auf meine Tour eingehen. Wie bereits erwähnt, will ich die Vereinigten Staaten von Amerika, von Osten nach Westen durchqueren. Also von New York City an der Westküste, bis Seattle an der Ostküste. Eigentlich sind das nur so ungefähr 2800 Meilen, oder 4500 Kilometer, aber ich möchte, wie anfangs gesagt, bei dieser Gelegenheit so viele Bundesstaaten wie möglich besuchen. Damit ich mich nicht unnötig einenge, habe ich keine Hotels im Voraus gebucht und meine Tagesziele sind auf jeden Fall variabel. Es gibt selbstverständlich einige Städte und Sehenswürdigkeiten, die ich auf meiner Liste habe, aber da ich allein unterwegs bin, kann ich äußerst kurzfristig entscheiden was ich tatsächlich sehen will und was nicht. Und diese Freiheit werde ich auch ausgiebig nutzen. Da bin tatsächlich selber mal gespannt.

Ein ganz wichtiger Punkt in meiner Planung ist das Wetter und da man dieses bekanntlich nicht planen kann, lasse ich mich überraschen. Scheint die Sonne, bleibe ich etwas länger, sollte es regnen, fahre ich einfach weiter. Einen festen Termin habe ich allerdings. In 14 Tagen will ich mich mit Mike in Seattle treffen und von da aus nach Edmonton in Kanada fliegen. So überschaubar ist mein Plan zur Kontinentalüberquerung.

Noch in Deutschland, habe ich natürlich mit etlichen Freunden und Bekannten über mein anstehendes Vorhaben gesprochen. Es ist ja schließlich nicht ganz alltäglich, dass jemand so eine Tour unternimmt. Sicher, ich gehe nicht zu Fuß zum Südpol, oder schwimme durch den Ärmelkanal, aber für mich ist es doch schon ein kleines Abenteuer und die Vorfreude war bei mir dementsprechend riesengroß. Und weil ich es schon lange Zeit vor dem Abflug nicht erwarten konnte, dass es endlich losgeht, habe ich bei jeder sich bietenden Gelegenheit, das Thema auf den Tisch gebracht. Sobald sich auch nur annähernd die Möglichkeit bot, gab es für meinen Gesprächspartner kein Entkommen mehr.

Meine Familie konnte das Wort „Amerika" mittlerweile schon nicht mehr hören und somit war ich ständig auf der Suche nach Bekannten, die noch „unwissend" waren. Hatte ich jemanden getroffen, dann habe ich fast sofort von meinem geplanten Amerika-Trip erzählt. Mal die Kurzform und manchmal auch die etwas längere Variante. Mittlerweile bin ich in dieser Richtung allerdings etwas sensibler geworden. Ich merke ziemlich schnell (bilde ich mir jedenfalls ein), ob sich jemand tatsächlich für meine Geschichten interessiert, oder eben nicht.

Früher war ich nach meinen ersten Reisen immer so „aufgeladen" und wollte am liebsten allen Menschen die mir über den Weg liefen, an meinen vielen tollen Erlebnissen teilhaben lassen. Heute weiß ich es schon ein wenig besser. Ich bin zwar immer noch genauso „heiß" wie damals, aber ich versuche meine Mitmenschen zu schonen und sie nicht übermäßig mit meinen Erlebnissen zu belästigen. Wie gesagt, der gute Vorsatz ist zumindest da. In meinen Gesprächen habe ich gemerkt, dass sich viele Menschen einfach nicht vorstellen können, wie es in den USA ist. Das riesige Land, die besonderen Städte, die vielen Naturparks, die Weite einfach alles. Und vor allen Dingen das Gefühl wieder „da" zu sein. Worte helfen da nicht unbedingt weiter.

Amerika kommt mir manchmal fremd und gleichzeitig auch so bekannt vor. Irgendwie haben wir doch schon unser ganzes Leben mit diesem Land zu tun gehabt. Ob wir es nun wahrhaben wollen oder nicht. Die ersten Filme die ich als Kind im TV sehen durfte, waren Lassie, Flipper und die Sesamstraße. Da habe ich mich, mit den amerikanischen Kindern und Tieren, gemeinsam durch die Filmabenteuer gezittert. Und wo kamen diese Filme her? Welche Autos wurden da gefahren? Opel Kadett, oder VW Käfer? Nein, dicke Amischlitten und Pick UP Trucks. So hat das Leben in der Ferne ausgesehen.
Dann kamen die Filme, die ich anfangs nur durch das Schlüsselloch unserer Wohnzimmertür sehen durfte:

„Die Straßen von San Franzisco" mit Karl Malden und Micheal Douglas. Oder Kojak, mit Telly Savallas, oder, oder, oder. Später folgten dann „Dallas" oder „Denver", da brauchte ich nicht mehr heimlich schauen, da habe ich freiwillig verzichtet. Aber spätestens mit „Miami Vice" kam eine neue Kultserie, auch für uns Jungs, ins Fernsehen. Muss ich noch mehr sagen (schreiben)?
Die Liste ist natürlich unendlich und jeder hat bestimmt sein eigenes Amerikabild im Kopf. Ich will hiermit nur verdeutlichen, dass Amerika schon eine große Rolle in meinem Leben gespielt hat, als ich eigentlich noch gar nicht richtig wusste, was das ist: Amerika!

Wenn ich von den USA schwärme und mir dann jemand sein geliebtes Österreich entgegen hält, weiß ich, dass wir wahrscheinlich nicht auf einen Nenner kommen. Natürlich ist Europa auch sehr, sehr schön und viele Landschaften die es in Amerika gibt, kann man auch in den Ländern auf unserem Heimatkontinent finden. Aber darum geht es mir nicht. Es ist einfach nicht dasselbe.
Ich will bestimmt niemanden „bekehren". Entweder ist mein Gesprächspartner interessiert, oder er/sie ist es eben nicht. Mittlerweile sehe ich das Ganze auch schon etwas entspannter. Aber auch nur etwas.
Wer allerdings schon mal „drüben" war, den Aufenthalt ebenfalls genossen hat und es jetzt gar nicht mehr abwarten kann, endlich mal wieder „rüber" zu fliegen, mit dem liege ich sehr schnell auf einer Schiene. Diejenigen, die bereits in den Staaten waren, wissen wovon ich spreche. Entweder man liebt sie, oder man liebt sie nicht. So einfach ist das.

Es gibt natürlich auch immer wieder Leute, die bei dem Wort Amerika auf die Politik zu sprechen kommen. Das ist durchaus legitim und ich gehe selbstverständlich nicht mit verschlossenen Augen durch die Welt und behaupte, dass alles in Amerika klasse ist. Aber ich kann die Politik nicht beeinflussen und stelle sie auch bei meinen Reisen ganz bewusst in den Hintergrund. Mir geht es um das

Land und die Menschen. Mir sind Freunde, Bekannte und Verwandte die ich dort habe, sehr wichtig. Die Gastfreundschaft die ich in ‚Amerika erlebt habe. Die vielen positiven Erlebnisse lassen mich nicht los und so bin ich halt immer gerne in den USA. Politik hin oder her.
Nur um es noch mal klar zu sagen, ich lebe sehr gerne in Deutschland. Ich mag auch hier die Landschaft, die Nord- und die Ostsee, ich fahre gerne mit dem Rad durch unsere schönen Gegenden und einige deutsche Städte sind für mich mit die schönsten die ich kenne. Aber es ist eben eine Sache von Gefühl, von haben oder nicht haben.

Wenn ich jemanden treffe, der wirklich Interesse an meinem Hobby, oder besser gesagt, an meiner Leidenschaft hat und die entsprechenden Fragen stellt, wird das Gespräch, recht schnell, ziemlich ausführlich. Ist dies nicht der Fall, gibt es einfach die Kurzform: Reise von New York City nach Seattle. Ende Gelände. Antwort: „Oh, toll". Bei den Menschen, die etwas ausführlicher mit mir sprechen, kommt dann zwangläufig irgendwann die Frage nach meinen Mitreisenden und die Reaktion auf meine Antwort ist immer gleich: „Wie, du fährst gaaanz allein"? Ich: „Nein, natürlich nicht ganz allein. Ich nehme ein Auto mit". Das ist eben meine Art von Humor.

Nachdem sich mein Gesprächspartner oder meine Gesprächspartnerin dann vergewissert haben, dass ich es wirklich ernst meine, mit dem allein reisen, folgt auch schon mal das eine oder andere Angebot.
Gerade Frauen sind da oft recht pragmatisch. Frei nach dem Motto: „Dann kannst du mich ja mitnehmen"! ist die neue Reisebegleitung schnell gefunden. Gut, manchmal muss zwar noch vorher der Ehemann gefragt werden, oder der Chef, oder auch alle beide, aber einige Damen sind doch ziemlich entscheidungsfreudig.

Da ich nun mal keine Frau bin, ist mir erst einige Zeit später klar geworden, was die Damenwelt zu solch spontanen Entscheidungen animiert. Eine der Damen hat mich nämlich aufgeklärt: „HD, du machst eine Reise nach Amerika, da kennen wir Frauen doch jede Menge tolle Filme und Serien. Und welche Frau träumt nicht davon, einmal in New York zu shoppen bis der Arzt kommt und in Seattle, warten bis der Arzt kommt. Nämlich der Mc Dreamy, der Arzt aus der TV-Serie „Grey´s Anatomy"! Genau. Oder natürlich der Film „Schlaflos in Seattle". Die Geschichte hat doch alle Frauen begeistert." Soweit zur weiblichen Logik, beziehungsweise zur weiblichen Sichtweise der Dinge. Jetzt wird mir natürlich so einiges klar. Aber ich sehe die ganze Sache, naturgemäß, etwas anders als die Damenwelt.

Tja, und dann war da ja schließlich auch noch meine eigene Frau. Keiner soll denken, dass ich sie nicht gefragt hätte, ob sie mich begleiten will. Das habe ich selbstverständlich getan und das auch nicht nur einmal. Aber sie wollte einfach nicht. Da war dann auch für mich irgendwann Schluss und ich habe sie nicht weiter gedrängt. Es ist ja auch nicht so gewesen, dass ich unbedingt allein reisen wollte, aber die Damen die sich als Begleitungen angeboten hatten, ich will nicht sagen, aufgedrängt hatten, musste ich in zwei Kategorien aufteilen. Schlussendlich war es ganz einfach. Die Ladys, die ich mitgenommen hätte (och, na gut, nehme ich dich eben mit), hat meine Frau abgelehnt, und die anderen, für die meine Frau, ganz vielleicht und nur eventuell, grünes Licht gegeben hätte, habe ich dann abgelehnt. Die Gründe hierzu kann sich jetzt jeder für sich ausmalen. Ich möchte dieses Thema nicht weiter vertiefen.

So bin ich dann allein aufgebrochen und sitze jetzt in meinem schönen weißen Dodge Charger und fahre auf dem Highway gen Westen. Vor mir liegen 5000 Meilen und das Land der unbegrenzten Möglichkeiten. New York City habe ich ja bereits gestern besucht und damit den Start längst hinter mir. Da ich das Auto vom Vermieter vollgetankt übernommen habe, fehlen im Tank jetzt gerade mal ein paar Liter für die ersten 75 Meilen von gestern. Eine Meile entspricht ca. 1,6 Kilometern. Würde ich also mit 100 Meilen in der Stunde über den Highway fahren, wären das 160 Stundenkilometer. Erlaubt sind aber je nach Bundesstaat deutlich weniger. Dazu kommen wir aber später noch. Das Auto hat im Tank folglich erst einmal genug zu trinken und für den Fahrer sind im Kofferraum Getränke eingelagert. Es geht also endlich richtig los. Mike sein Haus steht auf einem Hügel und die letzten Kurven hinunter bis zur Hauptstraße sind mit 5 Meilen pro Stunde (mph), also 8 Kilometer pro Stunde (Km/h), ausgeschildert. Viel schneller zu fahren, ist auch tatsächlich nicht möglich. Zum Glück ist noch weit und breit kein Schnee in Sicht. Im Gegenteil, heute soll es wieder schön warm werden.

Als erstes Ziel, habe ich Harrisburg in Pennsylvania in mein Navigationsgerät eingegeben. Die Sonne geht hinter mir auf und taucht die Landschaft in ein goldenes Licht. Es ist richtig romantisch, und das schon am frühen Morgen. So genieße ich die ersten Meilen an diesem wunderschönen Herbsttag. Ich bin unterwegs nach Westen. Die großen (die kleinen allerdings auch) Highways in den USA sind an den Himmelsrichtungen ausgerichtet. Man fährt, nicht wie bei uns, in die Richtung einer großen Stadt, sondern wie ich jetzt auch, zum Beispiel die Interstate 95 West. Die Städte kommen dann schon von ganz allein. Würde ich Richtung New York City fahren, wäre es dementsprechend Interstate 95 East.

Für heute habe ich keine größeren Stopps geplant und möchte eigentlich nur ganz gemütlich Auto fahren. Oder besser gesagt: Cruisen. Rauf auf den Highway, die Cruise Control, oder wie wir sagen, den Tempomaten, auf 65 Meilen pro Stunde eingestellt und dann ganz entspannt den Tag genießen. Allein das ist in Deutschland heute ja fast nicht mehr möglich. Wir fahren doch von einem Stau in die nächste Baustelle und ärgern uns. Hier in Amerika macht das Autofahren noch richtig Spaß. Ich will gar nicht anhalten. Was ich dann aber natürlich doch ab und zu mache.

Aber jetzt fahre ich erst mal durch Pittsburgh und verlasse dann Pennsylvania. Weiter geht es durch West Virginia. Na klar, wer denkt da nicht an den Song von John Denver: West Virginia, Mountain Mama, Country Roads take me home. Eigentlich viel zu schade zum durchfahren. Es gibt hier garantiert eine Menge zu sehen und ich könnte, müsste, oder sollte, doch noch mal einen kleinen Abstecher machen. Aber wie ich schon anfangs sagte, es gibt unendlich viel zu sehen und ich will meine Tour schließlich genießen und mir keinen Stress machen. Also fahre ich schweren Herzens weiter in Richtung Cleveland Ohio. Irgendwann komme ich dann vielleicht mal wieder in West Virginia vorbei. Wer weiß das schon?

Ursprünglich hatte ich Cleveland Ohio mal als mein erstes Tagesziel vorgesehen, aber das Wetter ist gut, die Straße glatt und deshalb fahre ich weiter bis Detroit. Es macht mir alles einen Riesenspaß und ich will einfach immer noch nicht anhalten. Früher oder später werde ich es dann aber doch tun. Ich fahre schließlich schon den ganzen Tag und jetzt wird es langsam Zeit für eine schöne heiße Dusche und ein weiches Bett.

Ich verlasse den Highway und finde, in einer Vorstadt von Detroit, mein erstes Hotel für diese Reise. Jetzt stellt sich eventuell die Frage, wie man in einem fremden Land, in einer fremden Stadt, ein gutes Hotel findet? Da gibt es sicherlich viele Möglichkeiten. Zum einen stehen die ja fast überall rum und werben mit riesigen Schildern, den Billboards, am Straßenrand und zum anderen gibt es ja auch noch das Internet. Oder auch die vielen Reiseveranstalter. Ich habe da aber meine eigene Strategie.

Wie gesagt, ich habe nichts im Voraus gebucht. Wenn ich in Amerika unterwegs bin, hole ich mir als erstes ein so genanntes Couponbuch. Diese kleinen Hefte liegen in Tankstellen, oder noch besser, in den „Tourist Information Centern" aus. Eine Touristeninformation findet man meistens sobald man die Grenze zu einem anderen Bundesstaat überquert hat, oder in den größeren Städten. Es macht, aus meiner Sicht immer Sinn, da mal kurz anzuhalten und sich mit Informationsmaterial einzudecken, oder mit den allzeit sehr freundlichen Angestellten kurz zu plaudern. Oftmals sind es ehrenamtliche Mitarbeiter, teilweise schon im Rentenalter, die sich über jeden Kunden richtig freuen. Da kommt dann auch schon mal der eine oder andere gute „Geheimtipp" rüber. Ist doch klar, die Menschen kommen aus der Gegend und wer sollte sich besser auskennen, als die Einheimischen?

Die Couponhefte sind jedenfalls kostenlos und nach Bundesstaten, beziehungsweise nach Städten, geordnet. So kann ich mir, wenn ich denn ungefähr weiß wie lange ich noch fahren will, ein passendes Hotel heraussuchen und die Adresse ins Navi eingeben. Eine kleine Wegbeschreibung ist genauso vorhanden, wie die Preise und die Auflistung der weiteren, nicht unwichtigen Extras, wie Pool, Whirlpool oder Frühstück.
Die im Heft angebotenen Preise, liegen ca. 30-40% unter den regulären Room rates, also den offiziellen Zimmerpreisen. Sie sind deshalb so günstig, weil die Hotels ihre Überhänge, ähnlich wie bei Last Minute, mit Hilfe der Couponhefte noch an den Mann oder die Frau bringen wollen. Die Sache ist also für beide Seiten ein Gewinn.

Aber zurück zu meinem Hotel. Ich habe es zwar ins Navi eingegeben aber irgendwie bin ich trotzdem kurz vorher einmal falsch abgebogen und da die Straßen hier etwas stärker befahren sind und dazu noch mehrere Spuren haben, kann ich nicht so einfach umdrehen. Aber die Städte an den großen Highways haben eben nicht nur ein Hotel. Und so stehe ich dann plötzlich vor einem Holliday Inn. Hierfür habe ich zwar keinen Gutschein, aber da das ganze Anwesen einen sehr gepflegten Eindruck macht, will ich trotzdem mal reinschauen und nach einem Zimmer und dem Preis dafür ragen.

Ich parke direkt vor dem Eingang, aber mit dem Aussteigen wird es nichts. Neben mir steht plötzlich eine dieser großen, langen, weißen Limousinen, mit getönten Scheiben. Der Fahrer, im schwarzen Anzug, schwarzer Sonnenbrille, braun gebrannter Glatze und breiten Schultern, steigt aus und öffnet die Tür im Fond. Was jetzt passiert, haben wir, dank der privaten TV-Sender, alle schon hundert Mal im Fernsehen genossen.
Aus dem Inneren des Wagens ertönt ein Gekreische wie bei einem Konzert von Tokio Hotel. Sehen kann ich allerdings noch nichts. Aber halt, hier läuft doch irgendwas total verkehrt. Normalerweise stehen die, die kreischen, ja vor der Limo und sitzen nicht darin. Also, was ist denn hier los?
Das Kreischen wird lauter und aus dem Hotel kommen einige Gäste angelaufen. Ich sitze in meinem weißen Dodge, die Seitenscheibe runter gefahren, mittendrin. Dann kommt auch noch eine weitere Limousine auf den Hotelparkplatz gefahren. Das Kreischen ist jetzt nahe der Schmerzgrenze. Ich denke über eine Fluchtroute nach. Es gibt jedoch keine Fluchtmöglichkeit. Ich bin sozusagen zwischen die Fronten, in diesem Fall, zwischen die Limousinen, geraten und kann nicht weg. Ich kann also nur darauf warten, was weiter passiert. Und so warte ich halt.

Da ich keine Kameras sehen kann, gehe ich davon aus, dass hier kein Film gedreht wird. Gerade als ich dieses denke, taucht auch schon jemand mit einer Videokamera auf, und aus der zweiten Limousine steigt ein, festlich gekleideter, junger Mann. Das Kreischen wird noch lauter und kommt zweifelsfrei aus dem anderen Auto. Langsam dämmert es mir. Und richtig. Der ganze Parkplatz ist plötzlich voller, freudig erregter, Menschen und aus der „Kreischlimo" steigt eine Braut aus. Dicht gefolgt von einigen, jetzt nicht mehr schreienden, Brautjungfern.
Keine Ahnung was die Damen so in Ekstase versetzt hat, aber nun scheinen sie sich beruhigt zu haben. Es werden noch Bilder geschossen und dann verschwindet die ganze Gesellschaft im Hotel um zu feiern.

Der Chauffeur fährt die Limo etwas zur Seite und ich kann auch aus meinem Auto steigen. Ich gehe zum Empfang und frage nach einem Zimmer. Tatsächlich ist noch etwas frei und ich checke ein. Obwohl der Preis deutlich über dem liegt, was ich eigentlich ausgeben wollte. Irgendwie hat mich die Hochzeitsgesellschaft anscheinend mit ihrer guten Laune und Ausgelassenheit so angesteckt, dass ich leichtsinnig geworden bin. Aber nach diesem langen Tag auf der Straße, freue ich mich schon auf Bett und Dusche. Und vielleicht werde ich ja noch zur Hochzeitsfeier eingeladen. Wer weiß, kann ja sein.

Ich bin schon fast am Auto um meine Sachen zu holen, da fällt mir ein, dass ich gar nicht gefragt habe, ob das Frühstück im Preis enthalten ist. Schnell gehe ich noch mal zurück und bekomme am Tresen einen Gutschein für das Frühstück am nächsten Morgen. Da habe ich ja noch mal Glück gehabt. Ansonsten hätte ich extra bezahlen müssen. Ich bin anscheinend etwas aus der Übung, was das Thema Hotels angeht.

Nach einer ausgiebigen Dusche steige ich ein letztes Mal für heute in meinen Dodge und fahre durch die Straßen. Merkwürdigerweise finde ich keines der bekannten amerikanischen Fastfood-Restaurants und eigentlich bin ich auch schon ziemlich müde. Kein Wunder, es ist nach deutscher Zeit auch bald 3 Uhr Nachts. Da brauche ich ja im Grunde auch nichts mehr essen. Ich kehre also in mein Hotel zurück und halte nach der Hochzeitsgesellschaft Ausschau. Es laufen zwar einige der vielen Hochzeitsgäste auf den Gängen herum, aber da mich niemand ans Buffet einlädt, gehe ich auf mein Zimmer und lege mich schlafen.
Morgen früh werde ich zum Henry Ford Museum fahren und dann mal sehen, was der Tag noch so bringt.

Day 3
Detroit Michigan – Indiana Dunes

Ich habe richtig gut geschlafen und gehe erst noch einmal duschen. Wer kann schon wissen, ob ich heute Abend wieder so ein tolles Hotel haben werde? Jetzt macht sich mein Magen allerdings richtig heftig bemerkbar. Ich habe Hunger. Also gehe ich runter zum Frühstück. Da es noch recht früh ist, sind außer mir, nur wenige Gäste anwesend.

Ich komme in den großen Frühstücksraum, der eigentlich kein Frühstücksraum ist, sondern ein richtiges Restaurant und bin total überrascht. Johoho, da habe ich aber einen Volltreffer gelandet. Das Buffet erstreckt sich, gefühlt, über fast eine halbe Meile. Das sieht mir nicht nach einem ganz normalen Frühstück aus und ich habe schon Bedenken, dass es nur für die Partygäste von gestern Abend ist. Aber die freundliche Bedienung ist mit meinem Gutschein zufrieden und bringt mir vorab schon mal einen leckeren Orangensaft zu trinken. Die angebotenen Speisen lassen keinen Wunsch offen und ich lange ordentlich zu.

Als ich schon fast fertig bin, kommt noch ein Koch und beginnt damit, frische Omeletts, nach Wunsch der Gäste, zu zaubern. Auch wenn ich noch wollte, ich habe alles gehabt und beende mein üppiges Breakfast.

Nach und nach kommen jetzt die, teilweise noch ziemlich müden, Hochzeitsgäste herein. Einige hatten anscheinend eine ziemlich harte Nacht. Ist ja auch klar, war ja schließlich Party. Schweren Herzens muss ich das schöne Hotel verlassen, aber schließlich will ich doch noch etwas weiter. Also hole ich meine Sachen aus dem Zimmer, checke aus und mache mich auf den Weg.

Ich möchte den alten Jungs der amerikanischen Automobilindustrie meine Aufwartung machen und fange mit Henry Ford an. Das berühmte Henry Ford Museum liegt in dem Detroiter Stadtteil Dearborn und ist nicht weit vom Hotel entfernt. Es ist Sonntagmorgen und der Museumsparkplatz liegt ziemlich verwaist da. Die Sonne lacht vom Himmel und ich kann mir ausrechnen, dass es wieder ein wunderschöner Tag werden wird. Das ist zwar eigentlich kein Museumswetter, aber da hier anscheinend immer die Sonne scheint, sehe ich mal darüber hinweg.

Dass der alte Henry was vom Geldverdienen verstand, ist kein Geheimnis. Wie aber heute noch den Leuten die Dollars aus den Taschen gezogen werden, das ist schon ein paar Zeilen wert.
Im Hauptgebäude mache ich mich an der Kasse erst mal schlau. Der Eintritt ins Museum ist mit 15 Dollars angegeben. Der nette Mensch an der Kasse möchte jedoch zwanzig davon haben. Auf meine Frage wofür, sagt er, dass, die fünf für das Parken sind. Ach so.
Ich bin mir heute noch nicht sicher, ob er sich das Geld nicht in die Hosentasche gesteckt hat. Nein, kleiner Scherz, das Ganze läuft über meine Kreditkarte und kommt natürlich in die große Ford Kasse. Möchte ich noch die weiteren Attraktionen besuchen, ist jedes Mal ein weiteres saftiges Eintrittsgeld fällig.
Selbst für die sogenannte Factory Tour, also die Werksbesichtigung sind 20 Dollars angesetzt.
In Deutschland ist so eine Besichtigung in der Regel kostenlos. Ich besuche, nicht bloß aus Zeitgründen, nur das Museum. Aber das hat es schon mal, im wahrsten Sinn des Wortes, in sich.

Das Henry Ford Museum ist ein ziemlich großer Komplex und besteht aus mehreren Attraktionen. Hier kann man wahrscheinlich einen ganzen Tag, oder noch länger, verbringen, wenn man alle Glanzstücke bestaunen möchte. Das Museum bietet einen kompletten Blick in die letzten 100 Jahre. Nicht nur Autos, sondern auch Flugzeuge, ganze Eisenbahnen und die größte Dampflokomotive der Welt stehen hier.
Aber auch Landmaschinen und Dinge des täglichen Lebens, die ersten Computer oder der Prototyp eines

zeltähnlichen Hauses aus Aluminium, mit dem man die Wohnungsnot nach dem 2. Weltkrieg in den Griff bekommen wollte, sind zu sehen. Damals kamen hunderttausende junger Soldaten aus Europa zurück und fanden keine Häuser oder Wohnungen für sich, oder auch um Familien zu gründen.

Die Idee mit dem Aluminiumhaus ist aus meiner Sicht ein Schritt in die Richtung der mobil homes, also der, heute noch sehr weit verbreiteten, mobilen Unterkünfte. Diese sind meistens in so genannten Trailer Parks aufgestellt und dienen oft, den weniger gut verdienenden Menschen als Zuhause. Legendär ist der weiße Wohnwagen von Rechtsanwalt Petrocelli, der Hauptdarsteller einer Anwaltsserie aus den 70ern.

Der stand allerdings ziemlich einsam in der Wüste.

Aber zurück ins Museum. Den Grundstein legte der alte Henry vor über 100 Jahren, mit der Einführung der Fließbandarbeit bei dem T-Ford. Der Preis für diesen Oldtimer, den jeder aus den alten Charly Chaplin Filmen, oder anderen alter Stummfilmschinken („Die kleinen Strolche") kennt, konnte durch die revolutionäre Fertigungsmethode erheblich gesenkt werden. Der niedrige Preis machte das Auto für viele Kunden erschwinglich und wurde dadurch in nur wenigen Jahren, mit über 15 Millionen gebauten Karossen, zum meistverkauften Automobil der Welt. Erst der VW-Käfer konnte diesen Rekord 1972 brechen und für sich in Anspruch nehmen. Allerdings brauchte VW deutlich länger um die vielen Autos zu verkaufen, als damals der alte Henry Ford.

Die Konstruktion des T-Ford, oder Tin Lizzy, war simpel und dadurch äußerst langlebig. Fast alle Reparaturen konnten ohne Spezialwerkzeuge ausgeführt werden. Ersatzteile konnten seinerzeit in jedem Eisenwarenladen in den USA bestellt werden, oder waren sogar auf Lager. Ein Model T war für die Massenmotorisierung gedacht und war somit europäischen Fahrzeugen, die mit hohem handwerklichem Aufwand und entsprechendem Können

hergestellt wurden, kaum zu vergleichen. Der am Fließband gefertigte Ford, wurde in seiner Qualität und Ausführung, eher bescheidenen Ansprüchen gerecht.
Im Museum steht ein originales Modell T, das jeden Tag! von den Besuchern neu zusammengebaut wird. Gerade bei Kindern ist dieses sehr beliebt und es ist, im sprichwörtlichen Sinne, kinderleicht.
Ich will mir die Chance aber auch nicht entgehen lassen und schleiche so lange um das Auto herum, bis mich eine Angestellte fragt, ob ich auch etwas montieren möchte? Na klar, möchte ich. Und so darf ich die Lenkung einbauen. Es ist schon ein tolles Gefühl, an einem fast 100 Jahre alten Auto rum zu schrauben. Ich habe es sogar hinbekommen. Sag ich doch: Kinderleicht.

Irgendwann am Nachmittag eines jeden Tages ist das Auto dann fertig montiert und es gibt eine kleine Feier. Anschließend wird der Ford wieder zerlegt und am nächsten Tag erneut aufgebaut. Wahnsinn! So etwas funktioniert mit den heutigen Fahrzeugen natürlich nicht mehr. Da wären viele Teile nach dem Ausbau beschädigt oder unbrauchbar. Ganz zu schweigen von den benötigten Spezialwerkzeugen und Computern, nebst aktueller Software. Ohne Elektronik läuft ja heutzutage gar nichts mehr.

Ein besonderer Blickfang in diesem Museum sind die riesigen Präsidenten-Limousinen. Hintereinander aufgereiht stehen dort die Fahrzeuge, in denen einstmals einige der mächtigsten Männer dieser Welt saßen, um der jubelnden Menge zu zuwinken.
Die erste der Staatskarossen, ist eine ganz besondere. Es ist die von John F. Kennedy. In diesem Fahrzeug saß er bei seiner letzten Fahrt in Texas. Ich komme mir plötzlich vor, als wäre ich mit einem Mal ein Teil der amerikanischen Geschichte. Oder zumindest ganz dicht dran. Was ich in diesem Fall ja auch tatsächlich bin. Irgendwie beschleicht mich jetzt ein ganz besonderes Gefühl. Ich nehme es mal so hin.

Da ich heute noch mehr Autos sehen möchte, verlasse ich schweren Herzens das Ford Museum und mache mich wieder auf den Weg. Der Parkplatz ist mittlerweile gerammelt voll und meine frei werdende Parklücke ist sofort wieder besetzt. Im Rahmen ihres Sonntagsausfluges kommen jetzt viele Familien mit Kind und Kegel zum Museum. Ich fahre zu dem nicht weit entfernten Werk von Chrysler in Aubourn Hills. Ja, da klingelt es bestimmt bei dem einen oder anderen. Die damalige Fusion zwischen Daimler-Benz und Chrysler, auch als „Hochzeit im Himmel" bekannt, hatte in der Autowelt für einiges Aufsehen gesorgt.

Aubourn Hills war die Zentrale der „Welt AG" und es gab sogar eine DaimlerChrysler Fluggesellschaft mit einem Shuttleflieger, welcher zwischen Stuttgart und Detroit pendelte. Ich fahre erst mal zu einem sehr großen Bürogebäude: Das Headquarter, also die Unternehmenszentrale. Onkel Dieter ist ja nicht mehr da, aber sein Name steht (natürlich) noch in der Liste der Chairmen. Also derjenigen, die damals und heute die Geschicke der Firma leiten. Eben die Vorsitzenden der Firma Chrysler.

Etwas Abseits, auf dem weitläufigen Gelände, steht das Walter P. Chrysler-Museum. Es ist ein relativ kleines, aber sehr gut bestücktes Automuseen. Allerdings muss ich auch hier erst mal meinen Eintritt bezahlen. Es ist jedoch sehr viel weniger als bei Ford und parken darf ich hier auch noch umsonst. Ist das jetzt Service oder Verschwendung? Egal, ich finde es sehr positiv.

Die beiden Männer an der Kasse, ehemalige Chrysler-Mitarbeiter und jetzige Rentner (denke ich), sind sofort mit Informationen und guten Tipps zur Hand. Ich habe das Gefühl, dass sie mich am liebsten an die Hand nehmen würden, um mir alle Exponate persönlich zu zeigen. Irgendwie kommt es jedoch nicht dazu und ich mache mich allein auf den Weg. Allerdings nicht, ohne einen letzten Hinweis zu bekommen: Ich soll auf gar keinen Fall, wirklich nicht, das Museum verlassen, ohne vorher mit dem Fahrstuhl ins Erdgeschoss zu fahren.

Im Keller ist nämlich die "Garage vom Boss" und die ist vermutlich noch besser, als der Rest der Ausstellung. Das lasse ich mir natürlich nicht zweimal sagen und deshalb fahre ich gleich als erstes in den Keller. Erwartungsgemäß werde ich auch nicht enttäuscht. Hier stehen die heißen Indicar-Renner. Es sind ganz besondere Autos, die in den berühmten Rennen von Indianapolis den Gegnern die Rücklichter gezeigt haben, oder als Pace Car die Zuschauer beglückt haben. Zusätzlich gibt es noch eine ganze Reihe anderer Wagen, die man sonst nicht zu Gesicht bekommt. Ich bin begeistert und fühle mich gleich richtig wohl. Allerdings hat mir das ganze Museum sehr gut gefallen. Was hier steht, hat seinen Platz auch verdient.

Selbstverständlich gibt es in einer Stadt wie Detroit und Umgebung, genug Automuseen für eine ganze Woche und irgendwann mache ich vielleicht auch mal eine spezielle Museumstour. Aber jetzt habe ich erst mal genug Autos bestaunt und will noch ein paar Meilen fahren, bevor ich mir ein Hotel suche. Hier in Michigan gibt es eine Überraschung. Ein PKW darf in diesem Bundesstaat satte 70 Meilen fahren (bisher waren es ja nur 65 mp/h). Das ist jetzt natürlich ein ganz anderer Schnack! Das sind ja schon fast 115 Kilometer pro Stunde. Klasse.

Womit ich bei meinem Wagen wäre. Ich bin mir nicht sicher, ob diese hohe Geschwindigkeit überhaupt etwas für ihn ist. Mein Dodge und ich kennen uns ja erst ein paar Tage und haben zusammen die ersten 1000 Meilen, oder 1600 Kilometer hinter uns gebracht. Wir haben eine Zeitzone überquert und sind gegenüber Deutschland jetzt sieben Stunden zurück. Aber wer ist er wirklich, mein weißer treuer Begleiter auf seinen vier schwarzen Gummireifen? Irgendwie habe ich das Gefühl, unter seiner Motorhaube verbirgt sich ein dunkles Geheimnis. Und was bedeutet das "High Output" an seinem Kotflügel? Ich denke, es ist an der Zeit, genau dieses heraus zu finden. Der Highway vor mir ist frei und ich trete das Gaspedal mal so richtig durch. Kickdown!

Der Wagen macht einen kleinen Satz nach vorn und ich werde in den Sitz gepresst. Oh Mann, ich bin begeistert. Der Typ von der Highway Police allerdings auch. Er gratuliert mir sogar, nachdem er mich eingeholt (was gar nicht so einfach war) und dann noch überholt hat: "Hey man, great race. High score today! You should go to Indianapolis"! Ja, genau das liebe ich an Amerika. Der Sheriff kennt mich noch gar nicht, aber er hat gleich mein wahres Racertalent entdeckt. Ich denke in diesem Land kann ich es noch weit bringen. Die positive Einschätzung des Officers ist mir dann auch jeden Dollar wert.

Nachdem ich mit dem Sheriff das Geschäftliche geregelt habe, fahre ich weiter und nehme die Interstate 94 rüber zum Lake Michigan. Ich will mir noch die berühmten Dünen von Indiana ansehen. und wer sagt es denn, nur vier Stunden später bin ich da. Unterwegs habe ich die Grenze zum Bundesstaat Indiana überquert. Und wie heißt wohl die Hauptstadt von Indiana? Richtig: Es ist natürlich Indianapolis. Mensch, wenn das hier so weiter geht, lerne ich auf meiner Tour mehr, als während meiner ganzen Schulzeit (irgendwie wollte ich mich doch nicht mehr so weit aus dem Fenster lehnen). Ach egal.
Es geht auf den Abend zu, aber ich lasse es mir nicht nehmen, wenigstens mal auf eine der Dünen rauf zu krabbeln. Ich stehe am Lake Michigan, der natürlich riesengroß ist und die Düne sieht von unten erst mal gar nicht so hoch aus. Aber ich habe die letzten Tage nicht gerade viel Bewegung gehabt und bin ziemlich aus der Puste, als ich oben ankomme. Tatsächlich schaffe ich die letzten Meter nur noch auf allen vieren. Was ich natürlich nie zugeben würde und deshalb schreibe ich einfach, wie leicht es war, die Düne hoch zu rennen. Oben angekommen blicke ich direkt in zwei hübsche braune Augen! Wenn das kein Empfang ist. Leider ist das kleine Reh erst ziemlich erstaunt und dann ziemlich schnell in den Büschen verschwunden und ich bin allein hier oben. Ich habe eine tolle Aussicht, aber es wird langsam dunkel und so mache ich mich auf den Weg zum Hotel.

Day 4
Chicago Illinois – Wisconsin

Jetzt hätte ich fast vergessen, ein wichtiges Detail zu erwähnen. Bevor ich nämlich gestern in Detroit Michigan angekommen bin, habe ich ja noch den Bundesstaat Ohio durchquert. Da fahre ich extra los um Bundesstaaten zu sammeln und dann vergesse ich glatt, drüber zu schreiben. Jedenfalls fast. Oh Mann!

Chicago Illinois (wieder ein neuer Staat) ist die Stadt, die ich irgendwie total unterschätzt habe. Gehört hatte ich natürlich schon so einiges, aber meistens nichts richtig Gutes. Wer kennt sie schließlich nicht, diese alten Gangstergeschichten von Al Capone und seinen Jungs?
Ich dachte, nach Chicago, da fährst du einfach mal hin, gehst auf den alten Sears-Tower, der jetzt Willys-Tower heißt und schaust dir das ganze Gewimmel von oben an. Dann mietest du dir irgendwo ein Fahrrad und kannst ein bisschen am Deich radeln. Ähnlich wie in Cuxhaven. Gut, soweit zur Theorie. Die Wirklichkeit sieht dann doch ganz anders aus. Ich bin einfach positiv überrascht.
Ich bin mal wieder früh am Morgen da und die Stadt liegt noch im Feiertagsschlaf. Denn heute ist der von mir anfangs angesprochene Labour day, also der Tag der Arbeit. Die Menschen schlafen an solchen Tagen meistens etwas länger und ich habe dadurch einen tollen Vorteil. Es ist wie auf einer großen Party, wenn noch längst nicht alle Gäste da sind. Man kann sich erst mal alles in Ruhe ansehen und die besten Plätze sind noch frei. Übersetzt heißt das: Nichts wie rauf auf den Tower, bevor die anderen Touristen aufwachen und es überall brechend voll sein wird. Ich stelle mein Auto ins Parkhaus und mache mich zu Fuß auf, Chicago zu erkunden. Also ab zum berühmten Willys Tower.
So früh am Morgen gibt es noch keine lange Schlange und ich fahre mit dem schnellen Fahrstuhl ab nach oben. Trotz der frühen Stunde bin ich natürlich nicht allein hier an der Spitze. Es sind auch schon andere Touristen zeitig

aufgestanden und hatten den gleichen Gedanken wie ich. Aber trotzdem ist es noch recht angenehm. Der Willys-Tower ist einer der älteren seiner Zunft und das merkt man ihm auch an. Der Ausblick ist aber dennoch klasse. „Oh, so groß ist Chicago"? Als besondere Attraktion gibt es einen kleinen Glaskasten, der über die Außenmauer ragt und den Besucher sozusagen über den Straßen von Chicago schweben lässt. Ich stehe in Sandalen über der Stadt! Die Idee ist nicht zu schlecht und ein Blick nach unten ist nicht ohne, aber mir fehlt einfach das Frischluftfeeling. Ich würde gerne auf eine Dachterrasse gehen, wie zum Beispiel beim Empire State Building oder vergleichbaren Bauwerken. Das gibt es hier leider nicht. Spaß macht es aber trotzdem.

Zurück auf der Straße gehe ich über die zahlreichen Brücken, die mich etwas an Hamburg erinnern, in Richtung Lake Michigan. Leider sind mir die Batterien für den Fotoapparat ausgegangen und ich kaufe mir, in einem kleinen Drugstore, neue. Neben mir, an einer weiteren Kasse, steht ein älterer Mann, der sichtlich schon bessere Tage gesehen hat. Ich werde auf ihn aufmerksam, weil er sich lautstark mit der Kassiererin auseinandersetzt. So wie ich es verstehe, will er seinen bescheidenen Einkauf mit lauter kleinen Münzen, also Change, bezahlen. Das macht die Angestellte nicht mit und ehe ich mich versehe, stürmt der Alte, ohne seinen Einkauf, wutentbrannt aus dem Laden. Ich bezahle und verlasse ebenfalls das Geschäft. Im Nachhinein ärgere ich mich etwas über mich selbst. Ich hätte ja das Kleingeld von dem alten Mann nehmen können, um dann für ihn zu bezahlen. Leider habe ich nicht schnell genug geschaltet.

Als nächstes statte ich der Chicagoer Central Station, dem Hauptbahnhof, noch einen Besuch ab. Da ich nicht mit der Bahn fahren will, habe ich auch keine Eile und lasse mich einfach ein wenig im Menschenstrom treiben. Dann suche ich mir eine ruhige Ecke und genieße die Atmosphäre. Eine Dame aus Deutschland diskutiert in meiner

Nähe mit ihrer Tochter. Ein anderer scheint seinen Zug verpasst zu haben und flucht vor sich hin. Nachdem ich genug gesehen und gehört habe zieht es mich weiter.

Chicago macht auf mich einen freundlichen, ja fast gemütlichen Eindruck. Der Lake Michigan bietet eine tolle Waterfront und wie ich da so lang schlendere, hält neben mir ein Rolls Royce. Ein Seitenfenster gleitet lautlos herunter und eine ältere Dame fragt mich, ob ich den Weg zum Chicagoer Jachtclub kenne? Den kenne ich zwar nicht, aber es liegen jede Menge kleiner und großer Jachten im Hafen. Da wird doch sicher ein passendes Schiff für die Lady dabei sein. Glaube ich zumindest.

Der Fuß- und Radweg verläuft direkt am Ufer und während ich hier spazieren gehe, komme ich mir fast vor, wie einer der Hafenbewohner. Ein sportlicher älterer Herr hat gleich zwei junge und überaus attraktive Töchter, oder so, an Bord und gibt sich keine Mühe diese Schönheiten vor dem Rest der Welt zu verstecken. Sehen und gesehen werden, lautet auch hier die Devise.

Ich will mir ja noch ein Rad leihen und mache mich auf den Weg zum Navi Pier. Dort gibt es jede Menge Restaurants, Geschäfte und Unterhaltung. Es ist ziemlich heiß und der Weg zieht sich. Aber wie gesagt, für Abwechslung ist gesorgt. Es sind jetzt sehr viele Leute unterwegs und im Wasser liegen jede Menge Schiffe.

Vom Navi Pier sind früher die Kriegsschiffe der US-Marine gestartet und die Matrosen haben vor dem Auslaufen noch ein wenig gefeiert. Kriegsschiffe legen hier heute nicht mehr ab, aber gefeiert wird wie in alten Zeiten. Es ist richtig was los. Ausflugsdampfer in allen Größen buhlen um Gäste und der arme Tourist hat die Wahl zwischen Piratensegler oder riesigem Partyschiff. Hier ist irgendwie alles Party. Pier 39 in San Francisco? Ein Unterschied wie Buschhausener Schützenfest und Ballermann. Ich denke, dass ich heute mal auf das Fahrradfahren verzichten kann und mache es, wie früher die Marines. Ich gönne mir mal eine kleine Party!

Fahrradfahren kann ich auch noch zuhause.

Day 5
Irgendwo in Wisconsin – Minneapolis Minnesota

Ach, jetzt muss ich doch tatsächlich erst mal überlegen wo ich gestern war. Nein, nicht wegen der Party, die war doch alkoholfrei und ich bin danach noch weiter gefahren. Aber nachdem ich die ersten Nächte in immer anderen Hotels hinter mir habe, muss ich mich am Morgen erst mal kurz orientieren. Und jetzt fällt es mir wieder ein. Genau. Der Weg von Chicago nach Wisconsin.

Bevor ich mir gestern ein Hotel gesucht habe, wollte ich noch kurz über die Grenze nach Wisconsin, um diesem Bundesstaat ebenfalls in meiner Sammlung zu haben. In dem kleinen netten Visitor Center hing ein Telefon an der Wand und ich habe erst mal mit der Telefoncard in Deutschland angerufen. Ist doch gar nicht so einfach, bei den vielen Stunden Zeitunterschied. Ich will ja niemanden aus dem Bett holen. Aber es klappt. Schön, mal wieder bekannte Stimmen zu hören. Meine Familie freut sich auch und so können wir ein wenig rumschnacken. Weil es so gut funktioniert und ich noch Geld auf meiner Karte habe, rufe ich gleich noch bei meinem Bruder an. Das klappt ja heute wie verrückt.
Dann geht es weiter. Erst habe ich überlegt, ob ich noch hoch nach Milwaukee fahren soll. Das ist zum einen, die größte Stadt in Wisconsin und zum anderen baut hier, die ziemlich unbekannte Firma, namens Harley Davidson, seit über hundert Jahren Motorräder. Vor kurzem haben die auch noch ein tolles Museum eröffnet und ich Trottel entscheide mich, Milwaukee links, äh rechts liegen zu lassen und weiter zu fahren. Tja, so läuft das eben manchmal! Dafür fahre ich jetzt nach Minneapolis.

Hier kommen mir zum ersten Mal erhebliche Zweifel, ob das alles so richtig ist, was ich mache. Warum? Das will ich hier gerne kurz erläutern: Ich verlasse, einfach mal so und weil mir danach ist, den Highway und fahre durch eine traumhaft schöne Gegend. Auf der Straße kommt mir kein einziges Fahrzeug entgegen und niemand will mich überholen. Was ja auch nicht geht, ich bin schließlich der schnellste hier. Aber das Thema hatten wir ja gerade. Ich bin also allein auf weiter Flur. Da muss doch irgendwas faul sein, denke ich mir. Ich kann doch unmöglich der einzige sein, der diese wundervolle Strecke fährt. Wo sind denn all die anderen, die genau wie ich, Amerika durchqueren? Ich habe keine Ahnung.

Aber dann treffe ich doch noch jemanden. Und zwar keinen geringeren als den Old Man River. Nämlich den Mississippi, mit 3778 Kilometern einen der längsten Flüsse unserer Erde. Er fließt von Minnesota im Norden durch das ganze Land, bis er in der Nähe von New Orleans in den Golf von Mexico mündet. Der mächtige Strom begleitet mich neben der Straße und so genieße ich die Landschaft nicht ganz allein. An besonders schönen Stellen halte ich an.

Ich fahre abseits der großen Straßen westwärts und komme dann doch irgendwann wieder auf den nächsten Interstate Highway. Hier treffe ich auch die ganzen anderen Autofahrer wieder, die anscheinend nicht so viel Zeit hatten wie ich und somit die tolle Gegend am Mississippi verpasst haben. Tja, et is eben wie et is.

Ach ja, die Zeit. Sie hat für mich eine ganz andere Bedeutung bekommen, nämlich fast keine mehr. Mein Leben besteht nur noch aus fahren, ab und zu mal tanken, essen, schlafen und wieder los. Und schreiben natürlich.

Abends freue ich mich immer auf eine heiße Dusche im Hotel, aber spätestens beim Frühstück merke ich, wie es schon wieder kribbelt. Ich will zurück auf die Straße. Ich muss einfach wieder los. Mein Dodge Charger und ich, da werden Erinnerungen wach. Ed Kowalski in "Fluchtpunkt San Francisco". Ein Kultfilm aus den 70ern. Das war einer der ersten Filme die ich damals auf meinem brandneuen Videorecorder (mit Kabelfernbedienung) aufgenommen hatte. Der Kowalski hatte damals auch einen Dodge Charger und ist damit quer durch das Land gefahren. Aber das ist eine andere Geschichte.

Außer ner Menge Gegend gibt es hier jetzt nicht zu viel zu sehen. Zum Glück habe ich den kleinen Abstecher zum Mississippi gemacht. Aber ich genieße meine Tour, höre ab und an mal ein bisschen Musik und gut. Irgendwann wird es auch heute wieder Zeit, sich ein nettes Zimmer zu suchen und so fahre ich irgendwo vom Highway runter. Riesige Werbetafeln weisen mir den Weg zu einem ansprechenden Hotel. Ich habe einen Coupon und so lasse ich, den langen Tag auf dem Highway, im Hotelpool ausklingen. Das Blubberwasser ist schön warm und ich könnte so einschlafen. Der Gedanke gefällt mir und deshalb will ich heute eigentlich etwas eher ins Bett. Dann könnte es morgen mal wieder halbwegs früh losgehen. Doch wie das so ist, ich muss ja noch ein wenig arbeiten.
Wenn ich heute irgendwann noch meine E-Mails nach Deutschland schicken will, muss ich sie logischerweise erst mal schreiben. So wird es nichts mit dem frühen Schlafengehen. Ich setze mich an den Schreibtisch in meinem Zimmer und schreibe erst noch ein paar Zeilen.

Allerdings gibt es auch noch etwas negatives zu berichten: Ich habe heute ein Hotelzimmer mit nur einem Doppelbett. Da bin ich richtig enttäuscht. Sonst standen immer zwei große Betten in meinem Zimmer.
Aber egal, ich will da mal nichts von machen. Es hat ja auch einen Vorteil. So kann ich wenigstens durchschlafen und brauche meinen Wecker nicht mitten in der Nacht zum Bettenwechseln zu stellen.
Wenn schon zwei Betten da sind, muss man sie ja auch nutzen. Bezahlt ist schließlich bezahlt.

White Lady and the old man on the road
(Gemalt von Anne-Marie Seyfert)

Mit der Staten Island Ferry rüber nach Manhattan

Das kleine, aber feine Museum in Auburn Hills/Detroit

Die Präsidenten vom Mount Rushmore

Breakfast in Amerika: Zwei Muffins und ein O-Saft

King of the road

Irgendwo im Nirgendwo in Richtung...

Am Arbor Day werden Bäume gepflanzt und gepflegt

Needful Things in Roberts Montana

Für diese Beiden scheint die Reise zu Ende zu sein...

Na endlich: Wer steht denn da vor meinem Auto?

Und noch so ein alter Haudegen...

Devils Tower in Wyoming

Kleiner Road Trip: 5000 Meilen quer durch Amerika und dann plötzlich am Ziel:

Der Pazifische Ozean (und tatsächlich keine Cheerleader)

Sonnenuntergang in den Feldern von Alberta/Kanada
Time to say Goodbye!

Day 6
Minneapolis – St. Paul Minnesota

Heute habe ich die Twins besucht. Nein, nicht Arnold und Danny, auch nicht Jannis und Lukas, sondern Minneapolis und St. Paul. Die beiden Städte liegen da so links und rechts vom Mississippi und sind recht hübsch anzusehen. Was dem Deutschen der Vater Rein, dem Bremer die Weser, ist dem Amerikaner der Mississippi.

Auf dem Weg durch die unendlichen Weiten des Mittleren Westens bin ich jetzt also in Minneapolis angekommen und habe mit Minnesota einen weiteren Staat im Sack. Eigentlich habe ich in dieser Stadt nicht zu viel auf dem Zettel. Klar, der Old Man River mit einer kleinen Raddampferfahrt, ein bisschen durch die Stadt cruisen und im Hard Rock Café was zum Anziehen holen. Das schwebt mir so vor. Aber sonst? Als erstes suche ich mir deshalb einen schönen Parkplatz für meine White Lady. Oh, hatte ich das etwa noch nicht erwähnt? Irgendwann kam ich morgens aus dem Hotel und als ich mein Auto da so auf dem Parkplatz stehen sah, im goldenen Licht der Morgensonne, da wurde es mir plötzlich ganz warm ums Herz und eine innere Stimme flüsterte mir zu: „Da steht sie, deine White Lady". Und von da an nenne ich meinen weißen Dodge Charger eben White Lady.
Ja, ja, ganz genau so war das. Na ja, oder fast so.

Jedenfalls stelle ich den Dodge jetzt mitten in der City von Minneapolis auf einen großen Parkplatz und gehe durch die Stadt. Plötzlich hält neben mir, mit quietschenden Reifen, ein Polizeiwagen und eine ziemlich große schwarze Polizistin faltet sich aus dem Streifenwagen. Ich bin mir zwar keiner Schuld bewusst, die Parkgebühr habe ich, wie es auf dem Plakat stand, in den Briefkasten geworfen, überlege aber dennoch, sicherheitshalber erst mal abzuhauen. Offensichtlich ist es dazu aber schon zu spät, denn die Dame kommt direkt auf mich zu. Zu meiner grenzenlosen Erleichterung nimmt sie mich aber irgendwie gar nicht zur Kenntnis und geht an mir vorbei. Hinter mir sitzen zwei Jugendliche auf einer Bank und wissen anscheinend schon, was die Stunde geschlagen hat. Aha, so ist das hier also. Schule schwänzen ist in dieser Stadt verboten und die Polizei drückt da kein Auge zu. Die Kids müssen hinten in das vergitterte Auto einsteigen und ab geht die Post, äh die Polizei. Da wird nicht lange verhandelt. Es ist Vormittag und damit Schulzeit.

Ich gehe weiter durch die Straßen und komme zum Baseballstadion der Twins. Hinein komme ich leider nicht, aber ich könnte jede Menge toller Fanartikel im Shop neben dem Stadion kaufen. Die Preise sind, wie eigentlich überall für solche Sachen, ziemlich gesalzen und deshalb kaufe ich nichts.

Etwas weiter komme ich zum Hard Rock Café. Es ist auch schon geöffnet und ich finde zwei T-Shirts für meine Familie. Die Dame an der Kasse schaut mich so leicht von der Seite an und fragt, ob ich aus der Gegend bin? Sie weiß natürlich, dass es nicht so ist, sonst hätte sie ja nicht gefragt. Ich werde etwas unruhig und habe Angst, dass sie auf der Suche nach einem Schwiegersohn ist. Ich bin nämlich schon vergeben. Aber meine Furcht ist unbegründet. Die Verkäuferin ist einfach nur freundlich und so erzähle ich ihr meine Geschichte in Kurzform:
Road trip von NYC to Seattle. Antwort: "Oh, great!"

Sie fragt mich, ob ich mir denn schon Minneapolis angesehen hätte? Zum Beispiel die „Mall of Amerika"? Ich habe zwar davon gelesen, aber ich war noch nicht da und so winke ich ab: „Nee danke, ist ja bloß ein Einkaufszentrum". Plötzlich wendet sich das Blatt. Ich glaube, da habe ich eben etwas Falsches gesagt. Von wegen nur ein Einkaufszentrum! Die gerade noch liebenswürdige Dame schaut mit einem Male ziemlich streng und zieht ihre Hand, inklusive meiner Visa Card, zurück. In einem Tonfall der keinen Widerspruch duldet (jetzt bin ich doch ganz froh, wegen der Schwiegersohn Sache), gibt sie mir zu verstehen, dass es nicht irgendeine Shopping Mall ist, sondern die größte in ganz Amerika.

Ach so, das ist natürlich etwas ganz anderes. „Die größte in der ganzen USA" vergewissere ich mich? Dann werde ich selbstverständlich hinfahren. Schön, dass sie mir diesen Tipp gegeben hat. Und schon dreht sich das Blatt wieder zurück. Die Lady ist plötzlich ganz lammfromm und reicht meine Visa über den Ladentisch. „Have a nice day." Den werde ich haben.

Ich habe eine Mietstation für Fahrräder entdeckt und brauche nur meine Kreditkarte durchzuziehen, schon öffnet sich der Sicherheitsbügel und ich kann ein giftgrünes Leihrad mein eigen nennen. So fahre ich bei schönstem Sonnenschein, erst am Fluss entlang und dann über eine Brücke nach St. Paul. Dort setzte ich mich mit einer Coke und Keksen an den Mississippi. Ich schließe die Augen und träume von den alten Zeiten, als ich noch mit Huck und Tom durch die Gegend gelaufen bin. Die Vögel zwitschern, die Sonne scheint mir ins Gesicht und der Mississippi fliest träge an mir vorbei. So wie er es immer schon getan hat. Ich tue gar nichts, sondern lebe einfach nur meinen Traum.

Ich habe keine Ahnung wie lange ich da so gesessen und vor mich hingeträumt habe, aber irgendwann tausche ich dann doch das Rad wieder zurück gegen meine White Lady. Von wegen Shopping Mall. Ich renne doch bei diesem schönen Wetter jetzt nicht durch die klimatisierten Gänge dieses Riesenkaufhauses. Nein, ohne mich.

Oder doch? Ich gebe es zu, ich bin auch noch zur Mall gefahren. Zumindest dran vorbei. Das hatte ich meiner Fast Schwiegermutter, vom Hard Rock Café, ja versprochen. Auf meinem Weg zum Highway komme ich noch am Footballstadion der Minnesota Vikings vorbei und schieße ein paar Fotos. Dann geht es weiter in Richtung der untergehenden Sonne:

„I'm a poor lonesome cowboy and I'm so far from home..."

Day 7
Minnesota – Rapid City South Dakota

Heute waren mal wieder ein paar Meilen angesagt, oder besser, sie sind bereits auf der Uhr: 2400 Meilen stehen auf meinen Tacho! Das sind, seit meinem Start vor ein paar Tagen, umgerechnet 4160 herrliche Kilometer auf amerikanischen Highways.

Aber der Reihe nach. Ich liege wieder mal in einem sehr großen Hotelbett und befinde mich in diesem Zustand zwischen Traum und Wirklichkeit. Ich tendiere zum Aufwachen, weil ich ein ungewohntes Geräusch höre. Irgendwas scheint an mein Fenster zu klopfen. Erst kann ich es nicht einordnen und dann kann ich es nicht glauben. Es sind Regentropfen, die an mein Fenster klopfen! Das gibt es doch gar nicht. Seit ich meine deutschen Plattfüße auf diesen Kontinent gesetzt habe, hat die Sonne gelacht und jetzt so etwas. Aber egal, ich gehe erst mal wieder duschen und dann Frühstücken. Dann sehen wir weiter. Von wegen: Morgenstund hat Gold im Mund!

Das Wetter verändert sich nicht und so verlasse ich Minnesota. Zur Abwechslung fahre ich jetzt also mal im Regen. Ich nehme die Straße in Richtung Fargo, das liegt an der Grenze zu North Dakota und ist natürlich auch wieder ein neuer Staat für mich. Unterwegs regnet es nun richtig heftig und wie ich da so vor mich hin fahre, ertönt plötzlich ein "Ping". Welches nun schon das zweite ungewöhnliche Geräusch an diesem noch jungen Tag ist.

Ein "Ping" kann natürlich alles Mögliche sein, aber wenn man heutzutage in einem Auto sitzt, kann es normalerweise nur eines bedeuten: Mein Auto spricht mit mir! Die Maschine kommuniziert also mit dem Menschen. Das Auto will mir irgendetwas Wichtiges mitteilen und das kann eigentlich nichts Gutes sein. Ich bin sehr gespannt was jetzt kommt, aber mein Auto gibt kein weiteres Geräusch von sich. Also muss ich etwas tun. Aha. Ein Blick auf meine Instrumente bringt mir sofort weitere Informationen und letztendlich Gewissheit. Ich schaue auf die

Schrift im Display und dort steht <Tire> und weil ich etwas Englisch verstehe, weiß ich, dass dieses Wort so viel wie Reifen bedeutet. Aha, denke ich bei mir. Da ist folglich irgendwas mit den Reifen nicht in Ordnung. Aber was? Ich will es herausfinden und drehe deshalb wie wild an meinem Lenkrad hin und her. Obwohl White Lady ziemlich stark zu schwanken anfängt, bin ich mir anschließend einigermaßen sicher, dass noch alle vier Reifen an meinem Auto montiert sind. Aber ganz genau weiß ich eben doch nicht. Außerdem blinkt da ja schließlich noch diese Warnanzeige in meinem Cockpit.

Also fahre ich die nächste Straße rechts raus und suche mir einen Parkplatz vor einer alten Scheune. Dann laufe ich in diesem, gerade jetzt ziemlich starken Regen, mitten im Mittleren Westen der USA, einmal um mein Auto. Dabei bekommt jeder Reifen einen hübschen Fußtritt. Glücklicherweise sind alle vier Reifen noch da, sonst hätte ich mir ganz schön den Fuß wehtun können, wenn ich statt gegen den Reifen, gegen die Bremsscheibe getreten hätte. Aber das Glück ist auf meiner Seite. Nach diesem praxisorientierten Schnelltest für Kontinentüberquerer, bin ich mir nun aber einigermaßen sicher: Die Reifen sind noch alle da. Es kann eigentlich nur am Luftdruck liegen. Zumindest sieht es für mich, erst mal danach aus.

Unterdessen regnet es richtig heftig weiter und ich möchte mich auch nicht länger draußen aufhalten. Deshalb springe ich wieder ins trockene Auto und ab geht es zurück auf die Landstraße. Bei der nächsten Tankstelle halte ich dann an. Ich suche den Luftprüfer, aber außer einem schwarzen Schlauch der irgendwo aus einer Hauswand kommt, kann ich nichts dergleichen entdecken. Der Schlauch hat weder eine Anzeige, noch sonst irgendetwas, was darauf hindeutet welchen Auftrag er hat. Aber es kommt tatsächlich Luft heraus.
Also werde ich die ganze Sache mal so nach Gefühl angehen. Vorne links scheint der Reifen etwas platter zu sein und ich fülle gefühlte 1,2 Bar nach, als mir einfällt, dass

die Amerikaner ja gar nicht in Bar rechnen. Weiß der Reifen das? Egal, wenn es nicht passen sollte, kann mein Auto ja wieder ein <Ping> von sich geben. Tut es jedoch nicht. Problem gelöst!

Aber da ich schon mal hier bin, werde ich auch gleich mal tanken. Normalerweise kann man in Amerika direkt an der Zapfsäule bezahlen, immer vorausgesetzt, der Kunde benutzt eine Kreditkarte. Aber die haben hier in diesem Land fast alle. Ich ziehe also meine Karte durch und tanke meinen Dodge. Damit ich mich währenddessen nicht langweile, flimmert direkt an der Zapfsäule ein bisschen Werbung über einen kleinen Farbbildschirm.
Obwohl mich hier niemand kennt (denke ich zumindest), würden sich die verantwortlichen Herrschaften freuen, wenn ich dem örtlichen Golfclub beitreten würde. Sollte mir der Sinn jedoch nicht nach Sport stehen, gäbe es auch noch diverse schöne Dinge im Angebot, die ich kaufen könnte. Falls ich für beides nicht genug Geld hätte, wäre da noch das Casino gleich neben der Tankstelle.

Anscheinend ist auch hier oben in North Dakota das Glückspiel zu hause. Aber na klar, da fällt es mir auch schon ein. Früher, im Saloon, die harten Männer, mit den harten Augen, auf den harten Stühlen. Die Karten auf dem Tisch und der harte Stahl im Halfter. Da wurde gezockt was das Zeug hielt. Da hat dann der eine oder andere, nicht nur sein Geld verloren. Jedenfalls in den Western, die ich gesehen habe. Ich bin jedoch nicht zum Zocken aufgelegt und fahre weiter.
Mein Auto ist zufrieden und ich bin es auch. Anfangs hatte ich es ja schon mal gesagt, sollte es irgendwo regnen, hält mich nichts und ich gebe Gummi. Bestimmt wird irgendwann, auch für mich, die Sonne wieder scheinen. Auf der Interstate 29 South fahre ich runter nach Sioux Falls. Das ist ein Name, was? Wer denkt da nicht an wilde Bisons und Indianer in Kriegsbemalung? Leider sind links und rechts vom Highway nur Felder mit grünen Kohlköpfen.

Keine Spur von Indianern oder Bisons. Aber ich habe einen weiteren Bundesstaat erreicht: Ich bin jetzt in South Dakota.

Nach Sioux Falls schwenke ich auf die Interstate 90 West in Richtung Rapid City. Dort will ich übernachten. Das Wetter hat sich stark verbessert und die Sonne bringt wieder richtig Temperatur auf die Straße. Wusste ich es doch! Meine Stimmung steigt mit jeder Meile. Mit diesem Gefühl von grenzenloser Freiheit höre ich zwischendurch „Ballermann Hits" und „Pistengaudi". Es stört ja keinen. Die Anlage im Auto gibt richtig was her.

Irgendwann überquere ich erneut einen ziemlich breiten Fluss und ein Blick auf die Karte verrät mit, dass es der Missouri ist. Als ich das andere Ufer erreiche, hat sich die Landschaft plötzlich total verändert: Prärie! Keine Felder mit Kohlköpfen, jetzt gibt es nur noch Grasland, soweit das Auge reicht. Darauf habe ich gewartet. Das wollte ich sehen. Jetzt fehlen mir nur noch die Bisons.
Diese mächtigen Tiere möchte ich unbedingt einmal in freier Natur erleben. Heute sehe ich allerdings keine mehr. Aber der Wilde Westen fängt ja gerade erst an.

Wenn es hier, im so genannten Mittleren Westen, eines gibt, dann sind es Nationalparks. Den ersten erreiche ich kurz vor meinem Tagesziel Rapid City. Hier liegt der Badlands National Park. Der Tag neigt sich dem Ende zu und es geht schon in Richtung Abend, aber der Eingang zum Park liegt fast direkt an meiner Route. Laut Karte führt eine tolle Strecke 30 Meilen durch den Park und am anderen Ende komme ich wieder an der Interstate 90 raus. Also, worauf warte ich noch? Ich zahle beim freundlichen Ranger mein Eintrittsgeld und es geht los.
Die Badlands sind eine herrliche Landschaft mit irren Felsformationen. Ich fahre mit dem Dodge von einem Aussichtspunkt zum nächsten. Aber eigentlich ist die ganze Strecke ein einziges Highlight. So cruise ich ganz entspannt durch diese tolle Gegend. Dann entdecke ich plötzlich in der Ferne eine gigantische schwarze Wand.

Kommt da etwa schon die Nacht oder habe ich die Ehre einen richtigen Thunderstorm, wörtlich Donnersturm, zu erleben? Ich habe die Ehre! Dunkle Wolken schieben sich vor die Sonne und bereiten mir ein wahres Spektakel: Licht, Schatten und diese riesigen Wolkenberge. Ich bin schwer begeistert, anscheinend bekomme ich das volle Programm. Dann erschrecke ich mich etwas, als mich ein Motorradfahrer in einem irren Tempo überholt. Ich habe so das Gefühl, dass er sich nicht unbedingt an diesem Naturschauspiel erfreuen will. Er haut einfach ab. Ich hingegen sitze warm und trocken und fahre gemütlich weiter. Es tröpfelt ein wenig auf meine Windschutzscheibe und es wird bedrohlich dunkel, aber viel mehr passiert erst mal nicht. Auch gut. Abwarten.

Viel zu schnell ist die kleine Rundtour vorbei und so verlasse ich die Badlands um mir ein Hotel zu suchen. Am Straßenrand stehen die üblichen großen Reklameschilder und werben für einen Besuch im nahe gelegenen Städtchen Wall. Hier hat vor 100 Jahren ein findiger Geschäftsmann damit begonnen, jedem ankommenden Reisenden ein Glas Eiswasser zu spendieren. Das hat sich herumgesprochen und noch heute fahren die Leute dorthin, um kostenlos ein schönes, kaltes Glas Wasser zu trinken. Wenn es im Sommer so richtig heiß ist, kann das eine ganz angenehme Versuchung sein.
Mit diesem kleinen Trick, hat es der findige Kaufmann geschafft, dass aus dem verschlafenen Nest Wall, keine Geisterstadt wurde. Vom kostenlosen Eiswasser angelockt, lassen die Leute, damals wie heute, ihr Geld in dem kleinen Städtchen. Die einen mehr, die anderen weniger. Gelegenheiten zum Geldausgeben gibt es hier jede Menge und viele können der Versuchungen nicht widerstehen. Etliche Geschäfte und Restaurants wollen die Touristen um ein paar Dollars erleichtern.
Ich widerstehe dem Ganzen und fahre weiter nach Rapid City, um mir eine schöne Bleibe zu suchen. Ein großes „La Quinta" kommt mir gerade recht. Ich buche dieses Mal ausnahmsweise für zwei Nächte. Ich will länger als

sonst bleiben, da sich hier die Möglichkeit zu einem Loop, also einer kleinen Rundreise, anbietet. Es gibt hier nämlich einiges zu sehen: Der Mount Rushmore mit den haushohen, in den Fels geschlagenen, Präsidentenköpfen, das Crazy Horse Memorial, eine sich im Bau befindliche monumentale Skulptur zu Ehren des Oglala-Lakota-Häuptlings. Diese Skulptur wird ähnlich wie in Mount Rushmore aus einem Berg herausgehauen und gesprengt. Letztendlich ist da noch der Custer Nationalpark. Diese drei großen Besuchermagnete sind in unmittelbarer Nähe meiner derzeitigen Unterkunft und so brauche ich mir am nächsten Abend kein neues Zimmer suchen. Das kann ja auch mal ganz schön sein. Außerdem steht das Wochenende vor der Tür und wegen der attraktiven Sehenswürdigkeiten bin ich wohl auch nicht der einzige Tourist in dieser Gegend.

Ich checke also für zwei Nächte ein und es kommt mir fast so vor, als hätte ich plötzlich mein Nomadendasein aufgegeben. Aber die Angst vergeht genauso schnell, wie sie gekommen ist. Nach den zwei Tagen wird es weiter, in Richtung Pazifik, gehen. Da bin ich mir ziemlich sicher.
Jetzt geht es erst Mal über die Treppe in den zweiten Stock. Als ich das Zimmer aufschließe ist es drinnen stockdunkel. Das liegt vor allem daran, dass die Vorhänge zugezogen sind, aber auch daran, weil es draußen jetzt richtig losgeht. War es bis eben einfach nur bedrohlich dunkel macht der Thunderstorm seinem Namen jetzt alle Ehre. Vor meinem Fenster scheint die Welt unterzugehen. Es stürmt, blitzt und donnert und wie heute Morgen, klopfen Regentropfen an mein Hotelfenster. Allerdings um einiges heftiger. Somit hat sich der Kreis für diesen Tag geschlossen. Er hat mit Regen angefangen und er endet mit Regen.

Und was mache ich? Entweder gehe ich mal wieder
a) unter die Dusche,
b) in den Pool oder
c) ungewaschen ins Bett?

Day 8
Rapid City – Mount Rushmore–
Crazy Horse Memorial – Custer National Park

Ich wache auf und die Sonne scheint durch das Fenster in mein Zimmer. Von dem Unwetter der letzten Nacht sind draußen nur noch einige, allerdings ziemlich große Pfützen, man könnte auch Teiche dazu sagen, zurück geblieben. Ansonsten haben wir wieder strahlend blauen Himmel. So mag ich das. Auch dieses neue Gefühl, morgens nicht den Koffer packen zu müssen und auszuchecken, gefällt mir ganz gut. Heute Abend komme ich ja wieder in mein Zimmer zurück.

Jetzt gehe ich allerdings erst mal frühstücken. Über das Thema Frühstück in Amerika kann man bestimmt auch ein ganzes Buch schreiben. Ich will es aber nicht überstrapazieren, sondern einfach mal meine Sicht der Dinge hier kurz darlegen. Auf meinen Reisen habe ich in Richtung Frühstück schon so einiges erlebt. Wenn man also ein Hotel sucht und dabei die Möglichkeit hat, auch noch das Frühstücksangebot mit einzubeziehen, sollte man ruhig darauf achten, welche Art von Breakfast im Hotel angeboten wird. Es gibt Continental, English, American oder auch no Breakfast, also gar nichts. Die Amerikaner sind nicht unbedingt die Frühstücker in unserem Sinne. Mit einer Kaffeemaschine ist die Grundversorgung für viele Menschen schon mal gesichert. Gut, diese Menschen gibt es nicht nur in Amerika.

Die Kaffeemaschinen stehen eigentlich in fast jeder Hotellobby, dem angrenzendem Frühstücksraum, oder auch auf dem Zimmer. Die nächste Steigerung wäre dann zusätzlich Tee, Orangensaft und Wasser. Der feste Teil des Frühstücks beginnt in der untersten Kategorie mit kleinen Kuchen, oder auch schon mal etwas Obst. Das steht dann in der Lobby und der Gast kann, während er auscheckt, seinen Kaffee trinken und auf dem Weg zum Parkplatz einen kleinen Kuchen in den Mund schieben.

Das ist dann auch eine Art Frühstück. Ab einer etwas gehobenen Hotelkategorie, gibt es dann das legendäre Waffeleisen im Frühstücksraum. Hier kann sich der hungrige Gast als Waffelbäcker versuchen. Der Teig steht bereit, aber bevor es losgeht, sollte man beim ersten Mal die Gebrauchsanweisung lesen.

Zunächst muss die Backform kurz eingesprüht werden. Zuhause haben wir früher das Waffeleisen immer mit einer Speckseite eingerieben und ich habe mich als Kind dann gewundert, warum die Waffeln irgendwie so komisch geschmeckt haben. Jetzt komme ich langsam dahinter woran das lag.

Hier in den Hotels liegt der Speck höchstens gebraten auf dem Buffet und zum Einsprühen stehen meistens irgendwelche Sprühdosen herum. Manchmal glaube ich, in Amerika gibt es alles in Sprühdosen. Aber egal wie man es macht, der Sinn besteht einfach darin, dass die Waffeln nicht am Eisen festkleben und dem ausgehungerten Waffelbäcker, den Tag schon am Morgen vermiesen. Der Teig kommt also in der richtigen Menge (gaaanz wichtig) in das Waffeleisen, das Gerät wird zugeklappt und in seiner Halterung einmal herumgedreht. Jetzt dauert es nicht mehr lange, meistens so um die zwei Minuten und ein Traum von einer Waffel ist fertig.

Zuweilen sind auch Gäste im Raum, die diesen Vorgang noch nicht kennen, oder sich bisher einfach nicht an das Waffelmonster herangetraut haben. Die schauen mir dann auch schon mal neugierig über die Schulter und wenn nach zwei Minuten das Ding zu piepen anfängt, schrecken sie erst leicht zurück, nur um danach wieder vorzukommen und diese schöne, heiße, lecker duftende, riesige Waffel zu bestaunen.

Dann gibt es allerdings kein Halten mehr und die nächsten 20 Minuten ist das Waffeleisen besetzt. Jetzt wollen alle Gäste diese große, dicke Monsterwaffel haben. Aber ich habe ja schon mal eine und suche mir einen Tisch mit Blick auf den (eigentlich immer) vorhandenen Fernseher. Hier laufen dann normalerweise der Wetterkanal und die aktuellen Nachrichten, inklusive dem Sportrückblick vom vergangenen Tag, beziehungsweise der letzten Nacht. So bin ich morgens schon auf dem neuesten Stand der Dinge. Gerade beim Wetter ist das ja nicht unwichtig. Der mittlere Westen ist schließlich bekannt für seine, teilweise sehr extremen, Wetterumschwünge. Und mein erstes Unwetter habe ich ja auch gerade erst hinter mir.

Den Flachbildschirm mit dem Weltgeschehen vor Augen, wende ich mich erst mal meiner dampfenden Waffel zu. Ich versenke eine ordentliche Ladung Honig in dem warmen Gebäck und dann haue ich anständig rein. Von so einem leckeren Frühstück könnte ich mich bestimmt einige Wochen lang problemlos ernähren. Es gibt allerdings eine wichtige Regel und diese sollte man unbedingt beachten. Wie sagt mein Kumpel Mike immer: Zwei schmecken gut, drei tun weh. Diese Weisheit gilt, in abgewandelter Form, sicherlich nicht nur für Waffeln. Aber das kann ja jeder für sich selbst ausprobieren. Bei den grandiosen Waffeln und den großen Muffins, die es in jedem Supermarkt gibt, habe ich, mutig wie ich nun mal bin, einen Selbstversuch unternommen. Aus einer großen Packung mit ganz lecker aussehenden Kuchen, habe ich erst einen und dann noch einen gegessen.
Die Dinger waren so lecker, dass ich auch noch einen dritten gegessen habe. Das war mein Fehler. Der letzte Muffin lag wie ein dicker Stein in meinem Magen. Ich kann euch also sagen, die oben angesprochene Regel stimmt auf jeden Fall. Man lernt eben nie aus.

Aber zurück zum amerikanischen Frühstück. Generell habe ich die Erfahrung gemacht, dass in einem Hotel mit Waffeleisen, das Frühstücksangebot in der Regel recht gut ist. Wenn es Waffeln gibt, dann gibt es meistens auch Brot, Müsli, Eier, Speck, Würstchen und Obst. Somit ist eine solide Grundversorgung für den Tag gesichert.
Wenn man es allerdings mal richtig gut erwischt, so wie ich es am Anfang der Reise, in dem ersten Hotel erlebt habe, dann ist der Vormittag schon fast gesichert.

Essen und schlemmen, bis nichts mehr geht.

Heute lasse ich es allerdings etwas ruhiger angehen. Ich habe meine zwei Waffeln verputzt und jetzt geht es wieder los. Mein Hotel liegt in der Nähe des Highways und ich fahre das kurze Stück in die Black Hills, also die berühmten Schwarzen Berge.

Mein erstes Ziel für heute, ist der Mount Rushmore. In der Nähe des Ortes Keystone sind die Köpfe von vier US-Präsidenten, mit viel Dynamit und dicken Presslufthämmern, in den Fels gesprengt und gemeißelt worden. Jedes Porträt ist ca. 18 Meter hoch und stellt die, zu der damaligen Zeit, wohl bedeutendsten Präsidenten dar: George Washington, Thomas Jefferson, Theodore, Roosevelt und Abraham Lincoln.

Was für die einen ein grandioses Kunstwerk ist, bedeutet für die Lakota-Indianer, die hier schon zuhause waren, als es noch gar keine Präsidenten gab, eine Entweihung ihres heiligen Berges. Gefragt wurden sie jedenfalls nicht, ob sie dieses Kunstwerk in ihrem Berg haben wollten.

Aber egal von welcher Seite man es sieht, das Monument ist auf jeden Fall ein äußerst beeindruckendes Werk.

Filmemacher nehmen das Ehrenmal auch immer wieder gerne mal als Kulisse.

Erbaut wurde es in der Zeit von 1867-1941. Die bis zu 400 Arbeiter konnten im Winter, wegen Eis und Schnee, nicht so richtig arbeiten, was die Fertigstellung entsprechend verzögerte. Die Entstehungsgeschichte ist aber auch noch von weiteren Schwierigkeiten geprägt. Wenn die Arbeiter am Montag ihr Werk nach dem Wochenende fortsetzen wollten, beklagten sie sich bei ihren Vorgesetzten über die mangelnde Leistung ihrer Presslufthämmer.

Der Montag verstrich und es wurde keine Ursache für das Problem gefunden. Am nächsten Tag hatten die schweren Arbeitsgeräte, dann wieder die volle Kraft. So ging es Woche für Woche, bis irgendwann einer der Techniker des Rätsels Lösung fand: Die Hausfrauen der Umgebung hatten immer montags ihren Waschtag und die von ihnen benutzten Waschmaschinen waren damals richtige

Stromfresser. Energieklassen gab es natürlich noch nicht. Die Menschen waren über jede Maschine, die ihnen den Arbeitsalltag erleichterte, froh. So kam es, dass am Wochenanfang das eh schon arg strapazierte Stromnetz in dieser Gegend, dann fast zum Erliegen kam. Die Waschmaschinen waren zusammen mit den Generatoren für die Pressluft, einfach zu viel für das Netz. Nachdem die Fehlerursache bekannt war, sollte das Problem gelöst werden. Da sich jedoch niemand mit den Hausfrauen anlegen wollte, wurde kurzerhand ein benzingetriebener Generator angeschafft. Danach gab es montags keine Probleme mehr.

Im Oktober 1941 wurden dann die Arbeiten wegen Geldmangels eingestellt und das Denkmal für vollendet erklärt. Ursprünglich sollten die Präsidenten bis zur Hüfte abgebildet werden. Aber soweit ist es ja bekanntlich nicht gekommen und auch später hat sich niemand mehr gefunden, der das Projekt erneut in Angriff genommen hätte. So ist es bei den mittlerweile weltberühmten Köpfen geblieben. Ich habe (mal wieder) richtig großes Glück und erlebe die ganze Szenerie bei tiefblauen Himmel und hellem Sonnenschein. Die riesengroßen Felsenköpfe strahlen mit der Sonne um die Wette.
Es gibt einen hölzernen Steg am Fuße des Berges und so mache ich einen kleinen Spaziergang und viele Fotos.

Wenn es abends dunkel wird, werden die Präsidenten von riesigen Scheinwerfern angestrahlt und die Amis machen eine beeindruckende Show, mit Licht und Musik, daraus. Da es aber gerade erst auf Mittag zugeht und es somit noch lange dauert, bis es dunkel wird, muss ich auf diese Show verzichten. Stattdessen mache ich mich auf den Weg zum nächsten großen Highlight. Ich fahre weiter zum Crazy Horse Memorial, welches nur einige Kilometer vom Mount Rushmore entfernt ist. Crazy Horse gehörte zu den berühmtesten Indianerhäuptlingen in der indianischen Geschichte. Sitting Bull, Geronimo und Crazy Horse und Winnetou (?) fallen mir da spontan ein.

Es gab selbstverständlich noch viele andere, aber die Namen dieser Männer, hat doch fast jeder schon mal irgendwann gehört. Ja klar, da werden auch Erinnerungen wach. Cowboy und Indianer. Wer hat das früher nicht gespielt? Ich hatte mir als kleiner Junge mal ein Gewehr aus Holz gebaut und zum Karneval in die Schule mitgenommen. Da war ich damals ziemlich stolz drauf. Eine nette Klassenkameradin, die als einzige von uns schon rauchen durfte, hat es einfach in der Mitte durchgebrochen. Schade. Aber das ist eine ganz andere Geschichte.

Zurück nach Amerika. Ich bin also immer noch in den schwarzen Bergen, den Black Hills von South Dakota. Im Jahre 1939 wurde hier ein Bildhauer, der auch schon bei den Präsidenten mitgearbeitet hatte, von dem damaligen Sioux Häuptling eingeladen, ein Indianer-Denkmal in den Berg zu hauen. Das Denkmal sollte den Häuptling Crazy Horse, auf einem Pferd reitend, darstellen. Geplant war ein Memorial, welches um ein vielfaches größer werden sollte, als das in Mount Rushmore. Alle Präsidentenköpfe zusammen, wären dann in etwa nur so groß, wie der Kopf von Crazy Horse seinem Pferd. Tja, aber natürlich erst, wenn es dann mal irgendwann fertig ist.

Das ganze Projekt dauert nun schon länger als 70 Jahre und der Auftraggeber, sowie der Bildhauer sind längst verstorben. Dennoch wird hier, im Gegensatz zu Mount Rushmore, immer noch weiter gearbeitet. Allerdings ist ein Ende der Arbeiten derzeit nicht absehbar. Bisher ist lediglich das Gesicht von Crazy Horse fertig gestellt worden. Die Finanzierung läuft ohne staatliche Gelder, sondern wird durch eine gemeinnützige Einrichtung unterstützt. Hierzu gehören auch das Indianermuseum und das Restaurant auf dem Gelände.
Schätzungen gehen davon aus, dass mittlerweile bereits schon einige Millionen Tonnen Granit aus den Felsen gesprengt wurden. Aber bis zur endgültigen Fertigstellung werden noch rund weitere 100 Jahre veranschlagt.

Viele Indianer standen und stehen heute noch, dem Projekt sehr kritisch gegenüber. Sie beklagen, wie auch bei den Präsidenten vom Mount Rushmore, die Entweihung ihrer heiligen Black Hills und weisen darauf hin, dass Crazy Horse sich nie fotografieren ließ, weil er nicht abgebildet werden wollte. Nichts desto trotz, wurde auch hier keine Rücksicht auf die Einwände der Stammesgenossen genommen und mit den Arbeiten begonnen.

In fertiger Form wird die Skulptur von Crazy Horse auf einem Pferd sitzend und mit ausgestrecktem Arm nach Osten weisend, zeigen. Nach Fertigstellung der Skulptur, soll diese 195 Meter lang und 172 Meter hoch sein.
Warten wir es ab. Ich gehe erst mal in das nette Restaurant, um zum einen das ganze Projekt zu unterstützen und zum anderen, so ganz nebenbei, auch was Leckeres zu essen. Es ist Lunchtime. Nach dem Mittagessen schlendere ich noch durch das Museum und mache mich anschließend wieder auf den Weg.

Mein drittes Ziel an diesem Tag, ist der Custer State Park. Wie ich schon mal sagte, es gibt in dieser Gegend nicht gerade wenige Sehenswürdigkeiten, geschweige denn National Parks. Damit wir uns aber nicht falsch verstehen, natürlich ist ein Park in dieser tollen Landschaft schon eine Sehenswürdigkeit an sich. Aber egal was ich mir bisher angeschaut habe, es gab hier immer noch ein Highlight obendrauf.
Und hier im Custer State Park soll es etwas geben, was für mich den absoluten Gipfel darstellt. Etwas, das ich unbedingt sehen möchte. Ich spreche von einem Tier. Einem ganz besonderen Lebewesen. Ein Tier, das in keinem richtigen Western fehlen darf. Richtig! Ich meine den Bison. Diesen großen amerikanischen Büffel, der einst in riesigen Herden durch Amerika gezogen ist. Die Herden sollen so groß gewesen sein, dass die Prärie unter ihren Hufen bebte. Zumindest so lange, bis die weißen Büffeljäger den Buffalo fast ausgerottet haben.

Heute leben zwar wieder etliche der Tiere in den Nationalparks, aber es ist natürlich kein Vergleich zu früher. Und genau das ist ein Grund warum ich nun hier bin. Ich will die Büffel sehen! Das erste Lebewesen, das mir jedoch über den Weg läuft, oder besser gesagt, über den Weg fährt, ist ein Radfahrer. Schwer bepackt, quält er sich vor mir eine ganz beachtliche Steigung hoch. White Lady geht diese Herausforderung um einiges entspannter an und schon bald ist der Radfahrer im Rückspiegel nicht mehr zu sehen. Ich hingegen halte weiter Ausschau nach meinen Bisons, kann jedoch keinen, noch so kleinen Büffel, entdecken. Höchstens den einen, der mich manchmal im Rückspiegel ansieht.

Langsam werde ich etwas sauer. Der Park hat einen schönen Rundkurs und ich fahre Meile um Meile. Keine Spur von meinen Bisons. Als ich in eine kleine Ansammlung von Häusern komme, ist auch eine Rangerstation darunter. Ich erwäge ernsthaft, mich bei den Verantwortlichen des Parks zu beschweren. Da fliege und fahre ich zusammen einige tausend Meilen, um einen lebenden Bison zu sehen und nichts passiert.
Ich parke also meine White Lady vor dem hübschen Blockhaus und spaziere hinein. Am Tresen steht eine Rangerin und ich bin mir mit einem Male nicht mehr so sicher, ob ich mich tatsächlich noch beschweren will. Also lasse ich es erst mal ganz ruhig angehen und frage nach dem Objekt der Begierde. Die Dame ist total gelassen und meint, dass es überhaupt kein Problem wäre, hier Bisons zu sehen. Ganz im Gegenteil. Es gibt so viele davon, die laufen sogar ständig auf den Straßen herum und man muss sehr vorsichtig sein, damit es keinen Unfall gibt.

Ich habe das ungute Gefühl, dass die Lady mich auf den Arm nehmen will. Kräftig genug scheint sie dafür auf jeden Fall zu sein. Aber sie grinst mich nur an und zeigt über ihre Schulter: „Da drüben, dort hinter dem Hügel, da hängen sie meistens rum". Jetzt bin mir überhaupt nicht mehr sicher, was ich glauben soll. Ich habe fast den ganzen Park umrundet und einige Stunden im Auto gesessen. Die ganze Zeit war nicht ein Zotteltier zu sehen und jetzt soll es hier angeblich von Bisons nur so wimmeln? Ich erinnere mich daran, dass ich als Gast in dieses Land und ebenfalls als Gast in diesen Park gekommen bin. Auch wenn es mir schwerfällt, bedanke ich mich höflich und verlasse die Rangerstation.

Draußen steht ein riesiges Mammut aus Holz. Die sollen hier früher auch gelebt haben. Mir ist das jetzt aber total egal, ich will die Büffel sehen. Ich steige in mein Auto und fahre in die von der Rangerin angegebene Richtung.

Und dann bin ich von den Socken. Kaum habe ich den ersten Hügel hinter mir gelassen, sehe ich ihn. Ein mächtiger Bulle steht, bis zum Bauch, in einem kleinen See.

Ich kann mein Glück kaum fassen und entschuldige mich innerlich bei der Parkangestellten. White Lady stelle ich auf den Seitenstreifen und genieße den Anblick des braunen Riesen. Der Buffalo lässt sich von mir nicht weiter stören und mampft friedlich vor sich hin. Ich denke an die großen Warnhinweise am Parkeingang. Auch wenn die Tiere sehr sanftmütig wirken, so sind es doch keinesfalls halbzahme Milchkühe. Ganz im Gegenteil. Die Büffel sind zwar an die Autos und die Menschen gewöhnt, aber es bleiben immer noch wilde Tiere und wenn man ihnen zu nahe kommt, kann es zu äußerst unangenehmen Zwischenfällen kommen. Hierbei sind in den Nationalparks schon einige Menschen zu Schaden gekommen.

Da ich mich nicht in die Riege derer einreihen möchte, bleibe ich auf Abstand.

Der Anblick dieses tollen Tieres ist für mich wie ein Geschenk. Ich habe keine Ahnung wie lange ich dem Büffel zugeschaut habe, aber irgendwann fahre ich dann doch weiter. Nach dem nächsten Hügel, stehe ich plötzlich mitten in einer kleinen Herde. Jetzt könnte ich das Fenster runterdrehen und den einen oder anderen Bison fast mit der Hand berühren. Wieder erinnere ich mich an die Warnhinweise und belasse es beim Fotografieren.

Nachdem die Herde die Straße überquert hat, verschwinden die Tiere im angrenzenden Wald und ich kann weiterfahren. Einfach klasse! Jetzt bin ich voll und ganz zufrieden und eigentlich könnte ich mich auf den Heimweg machen. Ja, wenn da nicht noch diese eine Kleinigkeit wäre. Eines möchte ich schließlich noch sehen, bevor ich mich auf die Rückfahrt zum Hotel mache. Da ich im Custer State Park bin, liegt es natürlich auf der Hand, was noch fehlt. Richtig, General Custer und das 7. Kavallerieregiment. Na klar, war da nicht mal was? Wenn ich schon im gleichnamigen Park bin, möchte ich mir selbstverständlich auch das berühmte Schlachtfeld am Little Big Horn ansehen. Dort hat die letzte große, erfolgreiche Schlacht der Indianer, gegen die, in ihr Land eindringenden, Soldaten stattgefunden.

Da ich bisher keine Hinweisschilder gesehen habe, fahre ich erst mal rechts ran. Leider kann ich den Kampfplatz nicht auf meiner Karte finden und beschließe daher, bei der nächsten Gelegenheit jemanden zu fragen.
Allerdings ist mir beim Blick auf die Landkarte etwas anderes aufgefallen: Bis zur Grenze zum Bundesstaat Nebraska sind es nur ungefähr 50 Meilen. Nur eine gute Stunde Autofahrt hin und eine Stunde zurück. Also nichts wie los. Zwar hatte ich den Besuch in diesem Bundesstaat ursprünglich nicht geplant, aber ich bin ja flexibel. In Nebraska bin ich schließlich noch nicht gewesen und so dicht wie heute, komme ich wohl so schnell nicht wieder dran vorbei. Also Blinker links und ab geht die Post.

Wie anfangs bereits erwähnt, möchte ich jeden der fünfzig US amerikanischen Bundesstaaten, einmal besucht haben. Und wenn da einer so dicht vor meiner Nase ist, nehme ich die Gelegenheit natürlich wahr. Die Sonne scheint und ich habe genug Benzin im Tank, was brauche ich noch mehr? Lust zum Fahren habe ich sowieso. Die Straße führt mich durch eine ziemlich einsame, aber sehr schöne Gegend. Links und rechts von der Straße säumen kleine Berge meinen Weg.

Ein Schild teilt mir mit, dass hier irgendwann der Film „Hidalgo" gedreht wurde. Den Titel kenne ich zwar nicht, aber ich werde irgendwann mal nachsehen, um was es in dem Film ging.

Autos begegnen mit nur ganz sporadisch und dann passiere ich, ganz unerwartet, eine kleine Ansammlung von Häusern. Die Häuser sehen verlassen aus und das Ganze hat den Charme einer Geisterstadt. Weit und breit ist kein Mensch zu sehen und es reizt mich auch nicht besonders, nach einem zu suchen. Deshalb fahre ich einfach weiter. Ein Gedanke lässt mich allerdings nicht so richtig los. Ich sammle ja nicht nur Bundesstaaten, nein, auch die dazugehörigen Nummernschilder haben es mir angetan. Und hier stehen jede Menge alte Autos rum. Also halte ich erst mal an. Anhalten kann man ja schließlich mal, denke ich.

Irgendwie unterscheidet sich diese Geisterstadt jedoch von anderen ihrer Art. Normalerweise sind die Ghosttowns leicht zugänglich und alles was irgendwie wertvoll war, hat sich verflüchtigt. Hier ist es anders. Die Häuser und Autos stehen, obwohl rundherum jede Menge Platz ist, auf ziemlich kleinen, umzäunten Grundstücken und so richtig verfallen sieht das hier, jedenfalls auf den zweiten Blick, eigentlich auch gar nicht aus. So oder so, passt das Ganze nicht in mein bisheriges amerikanisches Geisterstadtbild. Ich entscheide mich dafür, mir die Sache etwas genauer anzusehen.

Gerade als ich aussteige und in Richtung der alten Autos gehen will, nehme ich eine Bewegung wahr. Der Evolution sei es gedankt, da hat sich bei uns Männern etwas über tausende von Jahren entwickelt. Eine Bewegung und sei sie noch so klein und auch nur im Augenwinkel, registrieren wir sofort. Denn, eine Bewegung hat in der Wildnis eigentlich nur zwei Bedeutungen: Entweder bewegt sich dort Beute, oder es verbirgt sich eine Gefahr hinter der Bewegung und dann wird man eventuell selber schnell zur Beute. Also egal um was es sich handelt, eine Bewegung sollte man auf keinen Fall ignorieren.

Deshalb steige ich schon mal zurück ins Auto und fühle mich gleich viel besser. Auf einem der vermeintlichen Geisterstadtgrundstücke bewegt sich ein Mann mit Hut und einem Hund. Von weiten erinnert er mich an Freddy Krüger. Ich verspüre plötzlich keinen Drang mehr, hier nach eventuell herrenlosen Nummernschildern zu suchen und gebe Gas. Lebewohl Geisterstadt und Geist.

Nach einigen Meilen kommt dann das ersehnte Schild: Nebraska! Für das obligatorische Foto halte ich direkt davor an. Die Sonne scheint durch einige Einschusslöcher im Schild und die auf dem Boden liegende Patronenhülsen, zeugen von illegalen Schießübungen. Aber von dem Schützen ist glücklicherweise nichts mehr zu sehen. Ich bin hier allein auf weiter Flur. Dann fahre ich zur Sicherheit noch ein Stück nach Nebraska rein, damit ich auch wirklich in dem Bundesstaat gewesen bin und mache mich danach auch schon wieder auf den Rückweg. Das Wetter zeigt sich weiterhin von seiner besten Seite und ich genieße diesen kleinen Abstecher. In der Geisterstadt halte ich nicht wieder an. Nein, ich glaube sogar, dass ich ziemlich zügig hier durch fahre. Nach ungefähr zweieinhalb Stunden, bin ich wieder zurück an meinem Ausgangsort im Custer National Park.

Jetzt suche ich jemanden, bei dem ich mich erkundigen kann, wo denn nun das berühmte Schlachtfeld vom General Custer ist. Denn anders als in vielen anderen Parks, brauche ich hier keinen Eintritt zu bezahlen. Somit entfällt natürlich auch die Möglichkeit zum Nachfragen am Kassenhäuschen. Es gibt hier im Park jede Menge Natur und Wildnis, aber nicht gerade viele, von Menschen bewohnte, Orte. Etwas später komme ich jedoch an einen Haus vorbei.

Es ist (natürlich) wieder ein Blockhaus. Hier werden von einem älteren Paar Souvenirs verkauft. Ich schaue mich erst mal in dem Laden um, aber leider finde ich nichts was mir gefällt. Also frage ich die Dame des Hauses nach dem Schlachtfeld vom Little Big Horn. „Little Big Horn"? die Lady schaut mich ganz verdattert an. Selbstverständlich sind wir hier im Custer State Park, bestätigt sie mir, aber ein Schlachtfeld, so etwas gibt es hier nicht. Fragend blickt sie zu ihren Mann herüber. „Liegt das nicht in Montana"? Sie spricht Montana so aus, als ob es sich um einen anderen Planeten handeln würde.

Gut, ich gebe zu, wir sind hier nun mal nicht in Montana, sondern in South Dakota. Aber soweit ist die Grenze zum Nachbarstaat nun auch wieder nicht. Ihr Mann schaut mich an und nickt nur. Ich frage lieber erst gar nicht, wie weit mein neues Ziel entfernt ist, sondern bedanke mich für die Auskunft. Später hole ich mir die Information bei Google Maps. Das Battlefield ist ungefähr 500 Kilometer von hier entfernt. Für einen anderen Planeten ist es ja fast um die Ecke. Auch gut, dann habe ich hier für heute nichts mehr zu tun und kann mich auf den Heimweg machen. Mein Hotelzimmer wartet auf mich. Es hat natürlich auch so seine Vorteile, wenn das Bett für die nächste Nacht schon gebucht ist und ich mich jetzt nicht mehr auf die Hotelsuche machen muss. So fahre ich total zufrieden und entspannt zurück nach Rapid City.

Auf dem Rückweg komme ich an einer Tankstelle vorbei und nutze die Gelegenheit, meinen Benzinvorrat zu ergänzen. Während der hier in den USA, im Vergleich zu Deutschland, immer noch spottbillige Sprit im Tank meiner White Lady verschwindet, schaue ich mich etwas um. Auf der gegenüberliegenden Straßenseite erregt ein etwas unscheinbares Gebäude meine Aufmerksamkeit. Das will ich mir doch mal genauer ansehen.

Nachdem ich vorhin in der Geisterstadt, kein Glück mit den vermeintlich herrenlosen Nummernschildern hatte, könnte es hier eventuell was werden. Die amerikanischen Plates sind, im Gegensatz zu den deutschen Schildern, wesentlich schöner, abwechslungsreicher und viel individueller. Jeder Bundesstaat hat sein eigenes Schild, oft mit der jeweiligen Sehenswürdigkeit drauf, oder mit einem Spruch versehen. Man kann auch seinen Namen oder bestimmte Zahlen dort verewigen. Das macht die ganze Sache natürlich erst so richtig interessant. Allerdings ist es oft einfacher, die Nummernschilder im Internet zu ersteigern, als diese vor Ort zu bekommen. Aber hier, mitten in der Prärie, sieht es so aus, als wenn ich eine Schrauberhöhle (so nenne ich diese kleinen, unscheinbaren Werkstätten, wo im Halbdunkel die Autos geschraubt werden) entdeckt hätte. Hier schätze ich meine Chancen, eventuell ein schönes Schild zu bekommen, wesentlich größer ein, als bei den großen Händlern. Da hat mich schon mal einer richtig zurechtgewiesen, als ich nach einem alten Schild gefragt habe. Das wäre illegal und so etwas ginge überhaupt nicht, meinte der freundliche Herr damals. Na, ja, ist schon lange her und fast vergessen.

Ich halte vor der kleinen Autowerkstatt an und gehe durch ein großes offenes Tor hinein. Da ich aus dem grellen Sonnenlicht in die schummrige Werkstatt komme, kann ich erst mal gar nichts richtig erkennen. Wie können die hier eigentlich vernünftig arbeiten?
Ich stolpere fast über am Boden liegende Teile und stehe plötzlich vor einem Wagen der Highway Police. Oh, die schrauben hier auch für die Polizei? Hm.
Zwei junge Typen sind gerade dabei, die Karre auseinander zu bauen. Jetzt bin ich doch etwas unsicher. Habe ich etwa einen Fehler gemacht? Eventuell ist das Ganze hier nicht ganz so legal, wie ich anfangs dachte. Am besten ich haue einfach wieder ab, denke ich mir. Aber da kommt schon so ein kräftiger Typ auf mich zu.

Jetzt gibt es kein Zurück mehr und ich gehe in die Offensive. Ich stelle mich höflich vor und sage dem Menschen, was ich auf dem Herzen habe. Nämlich, dass ich ein lieber, netter, junger Mann aus Deutschland bin, der amerikanische Nummernschilder sammelt und die Herrschaften auf gar keinen Fall bei ihrer Arbeit stören will. Der Typ schaut mich an und bedeutet mir, ihm zu folgen. Das ist ja schon fast so, wie in einem dieser wilden Krimis. Egal, mal sehen was kommt.

Der Bodybuilder bringt mich zu seinem Boss. Dieser sitzt etwas weiter hinten in seinem Büro. Zumindest steht da eine Art Schreibtisch mit einem Telefon. Der Boss erinnert mich an den Hauptdarsteller der Fernsehserie „Cannon". Der Cannon war so ein schwergewichtiger Detektiv. Etwa die amerikanische Antwort auf den „Bullen von Tölz".

Der Typ der mich an Cannon erinnert, hört auf zu telefonieren und wendet sich uns zu. Ich sage wieder mein Sprüchlein auf und der amerikanische Bulle von South Dakota, schaut mich mit seinen kleinen Haifischaugen, etwas komisch von unten herauf, an. Irgendwie fühle ich mich nicht so richtig wohl.

„So so, aus Germany kommst du also, dann komm mal mit". Der Mann mit der Figur eines Sumo Ringers wuchtet sich aus seinem Sessel und geht nach nebenan. Ich gehe hinterher. Hinter mir der Bodybilder. Der Boss dreht sich noch mal um und sagt: „Dann will ich Dir mal was zeigen." Ich will nicht abstreiten, dass er mich ziemlich neugierig macht und dann traue ich meinen Augen kaum.

In einem kleinen Nebenraum steht ein Auto und zwar ein ganz besonderes: Vor mir steht, mitten in der amerikanischen Prärie, ein waschechter Trabbi.

Der Bulle von South Dakota baut sich vor mir auf und lacht sich kaputt. Man, das ist vielleicht eine Überraschung. Ich bin jetzt doch etwas erleichtert, da ich nicht ganz sicher war, was mich hier erwarten würde.

Aber jetzt ist alles gut und Cannon erzählt mir die Geschichte dieser ostdeutschen Rennpappe. Ein Freund von ihm, war als GI in Frankfurt und hat den Trabbi, nach der Wende, mit nach Amerika gebracht. Jetzt soll der Wagen repariert werden. Allerdings können die amerikanischen Schrauber nicht anfangen, da sie den Motor nicht finden können. Den kleinen Zweitakter halten sie anscheinend für die Lichtmaschine.

Wir schnacken noch ein bisschen und dann schenkt „Cannon" mir drei coole Nummernschilder aus
South Dakota. Wow! Das hat Stil!

Da hatte ich doch den richtigen Riecher, auch wenn ich zwischenzeitlich etwas irritiert war. Ich bedanke mich und verabschiede mich von meinen neuen Kumpels. Wegen dem auseinandergebauten Police Car frage ich nicht extra. Ich will mich nicht in nationale Dinge einmischen. Die werden schon wissen, was sie tun. Zurück auf der Straße geht es in Richtung Heimat, oder besser gesagt, Richtung Hotel. Jetzt ist endgültig Feierabend für heute. Meine „Beute" liegt im Kofferraum, der Tank ist voll und ich gönne mir „Einen Stern, der deinen Namen trägt" von der CD.

Direkt neben meinem Hotel ist ein Burger King. Da ich den ganzen Tag noch nichts Richtiges gegessen habe, ist jetzt ein ordentliches Hamburgermenü fällig. Aber da fällt mir ein, dass das ja gar nicht stimmt. Heute Mittag war ich doch erst im Restaurant beim Crazy Horse. Da kann man es mal wieder sehen, gut dass ich Fotos schieße und abends meine kleinen Mails nach Deutschland schicke. Bei diesen ganzen tollen Erlebnissen kann so ein Restaurantbesuch schon mal schnell in Vergessenheit geraten. Hunger habe ich aber trotzdem und da die Sonne noch scheint, bleibe ich draußen und genieße meine Mahlzeit an der frischen Luft.

Heute habe ich ja mal wieder richtig was geschafft. Ich bin den ganzen Tag da gewesen, wo ich die immer hin wollte: Im wilden Westen. Inklusive der Bisons.
Hier sieht alles so aus, wie wir es aus dem Film mit Kevin kennen. Ihr wisst schon: „Etwas schneller Jake". Den, der mit dem Wolf tanzt, habe ich zwar nicht getroffen, aber der ganze Tag war ein voller Erfolg. Nebraska war zwar nicht geplant, lag aber um die Ecke. Also kurz hin und gefreut. Wieder ein Bundesstaat mehr. Dann noch die schönen Nummernschilder. Ich könnte jetzt noch viel rumschwärmen, aber ich fasse es einfach mal zusammen: This is crazy! Wahnsinn!

Day 9
Little Bighorn Battlefield - Billings Montana

Ein neuer Tag beginnt und es wird Zeit für mich, wieder auf die Straße zu kommen. Wenn ich jetzt den Absprung nicht schaffe, nach zwei Nächten im selben Hotel, werde ich hier womöglich noch sesshaft. Aber der Motor springt an und so mache ich mich auf den Weg. Meine täglichen Mails, an die etwas über einhundert Adressaten, die sich mittlerweile in meinem Verteiler befinden (das kann ich hier ruhig mal erwähnen, weil ich da ein bisschen stolz drauf bin), habe ich anfangs immer am Abend geschrieben. Wenn ich dann, nach einem tollen langen Tag, ein Hotel gefunden hatte, ging es erst mal ans Schreiben. Das konnte sich unter Umständen ganz schön hinziehen und so habe ich angefangen, die Schreiberei etwas aufzuteilen. Jetzt notiere ich auch schon mal tagsüber, wenn ich eine kleine Pause mache, oder auch morgens bevor ich losfahre. Hauptsache meine Leser bekommen jeden Tag einen kleinen Reisebericht von mir.

Es sind auch einige Leseratten dabei, die es sich nicht nehmen lassen, mir zu antworten. Das freut mich natürlich sehr und deshalb habe ich eigentlich immer das Gefühl, dass ich gar nicht so allein durch Amerika fahre. Wie gesagt, ich mag die Post aus Deutschland. Aber eines stört mich daran doch ein wenig. Ich will da mal etwas konkreter werden und Klartext reden: Manche meiner Mailempfänger sind anscheinend der Meinung, dass es ein Vergnügen ist, hier so durch die Fremde zu fahren. Da muss ich dann so Sätze lesen, wie: „Du hast es gut, so eine tolle Reise", oder „Ich beneide dich, ich würde gerne mit Dir tauschen"!

Da frage ich mich doch ernsthaft, was das Ganze soll? Was glauben diese Leute eigentlich, was das ist, was ich hier mache? Urlaub, Spaß, Vergnügen? Ich denke, ich werde sie aufklären müssen. Gerade habe ich wieder eine Zeitzone überquert und bin gegenüber Deutschland acht

Stunden zurück. Wenn sich also die meisten von euch, abends zu Mutti ins warme Bettchen legen, dann lege ich noch Gummi auf den Highway. So sieht das aus. Schlafen in tollen Hotels? Schön wär's. Wenn ich nicht mehr kann und mir die Augen zufallen, fahre ich rechts ran, lege die Arme und den Kopf auf das Lenkrad und schlafe vor Erschöpfung ein. Wenn dann mein Körper, ob dieser unbequemen Haltung, protestiert, wache ich auf und fahre weiter. Das ist übrigens ein alter Fernfahrertrick. So sieht das tolle Leben auf dem Highway in der Realität aus. Da ist nichts mit Trucker Romantik. Das ist ein verdammt harter Job. Jawohl!

Gut, eines muss ich allerdings zugeben. Beim Essen und Trinken wird nicht gespart. Da schöpfe ich aus dem Vollen. Ich habe einen 24er Pack Cola und eine Palette mit Wasser im Kofferraum. Verdursten werde ich also nicht. Was mein Essen betrifft, da halte ich es mit den sieben Köstlichkeiten: Kekse, Chips, Donuts, Waffeln, Flips, Salzstangen und Schokoriegel. Da lasse ich nichts anbrennen, da passe ich auf. Meine Gesundheit ist mir wichtig. Ich soll auch mindestens einmal am Tag eine warme Mahlzeit zu mir nehmen. Das hat mir meine Frau, vor der Abreise, mit auf den Weg gegeben. Und ich höre selbstverständlich darauf, was mir meine Angetraute sagt. Außerdem ist das für mich auch überhaupt kein Problem. Ich lege einfach einen Schokoriegel auf das Armaturenbrett und warte ein paar Minuten, bis die Schokolade schön verlaufen ist. Fertig ist das warme Mittagessen! So, und das war jetzt meine Mittagspause. Weiter geht es in Richtung Yellowstone National Park.

Gut, okay, ich habe da gerade wohl etwas zu dick aufgetragen. Wenn meine Frau das liest, muss ich wahrscheinlich sofort nach Hause kommen. Aber ganz so schlimm ist es hier nun auch wieder nicht. Also, Spaß beiseite. Ich denke, mir geht es hier nicht zu schlecht. Für heute sind wieder strahlender Sonnenschein und 25 Grad Celsius angesagt. Hört sich doch nicht zu furchtbar an, oder?

Ich fahre über Sturgis (na Biker, klingelt da was?) weiter nach Westen. Bevor ich jedoch den Yellowstone National Park erreiche, gibt es bestimmt noch einiges zu bestaunen. Außerdem müsste ich auch irgendwann auf die Rocky Mountains treffen. Mal sehen. Hoffentlich fahre ich nicht dran vorbei. Aber bis dahin ist noch etwas Zeit. Jetzt bin ich erst mal in Sturgis. Hier ist allerdings nicht sonderlich viel los. Es ist noch früher Vormittag und ohne die ganzen Motorradfahrer, die einmal im Jahr die Stadt unsicher machen, gibt es hier nicht viel zu sehen. Oder besser gesagt, ich nehme mir nicht die Zeit, um nach eventuellen Sehenswürdigkeiten zu suchen. So lasse ich die Kultstadt der Harley-Gemeinde einfach hinter mir und fahre weiter.

Die Gegend ist ländlich und ich cruise auf der Landstraße so vor mich hin. Dann komme ich in eine kleine Ortschaft und glaube meinen Augen nicht zu trauen. Plötzlich steht direkt an der Straße ein riesiges Monster und schaut zu mir herunter. Bevor ich mich von meinem Schrecken erholen kann, bin ich aber an der riesigen Gestalt auch schon vorbei. Ja spinn ich denn jetzt? Was war das denn? Ich bremse ab und fahre rechts ran. Dann wende ich bei der nächsten Gelegenheit, natürlich immer schön brav, damit nicht gleich der Sheriff dieses kleinen Örtchens auf mich aufmerksam wird und fahre zurück zu dem seltsamen Objekt.
Und dann stehe ich vor dem Ungeheuer. Beim genaueren Hinsehen entpuppt sich das Monster als eine große braune Fantasiefigur mit langen Haaren. Sie ist bestimmt vier Meter hoch und schon ziemlich verrostet. Hier hat wohl ein Künstler seiner Fantasie freien Lauf gelassen.
Ein Foto von diesem Unikum kann ich mir auf keinen Fall entgehen lassen. Gleich daneben steht noch ein uralter Abschlepptruck und so habe ich gleich zwei tolle Fotomotive. Klasse.
Kaum bin ich aus dem kleinen Örtchen raus, folgt auch schon die nächste Überraschung. Wieder stehen am Straßenrand seltsame Gebilde und auch hier bin ich zu

überrascht, um gleich anzuhalten. Wie schon gesagt, auch wenn der Ort noch so klein ist, oder gerade wenn er so klein ist, empfiehlt es sich nicht, den eventuell gelangweilten Sheriff auf sich aufmerksam zu machen. Also fahre ich erst mal dran vorbei um kurz darauf zurück zu fahren. Keine wilden Wendemanöver auf der Mainstreet.

Ich sag´s ja immer, ich fahre nach Gefühl. Und dieses Gefühl sagt mir, ich sollte auf jeden Fall anhalten. Das Gelände ist eine Mischung aus Schrottplatz und Trödelladen. Es gibt alte bis uralte Autos, aus irgendwelchen Eisenteilen zusammengeschweißte Gestalten und weiterer Trödel dienen als Blickfang.
Ein weißer Heckflossen-Mercedes steht neben einem Army-Jeep. Beide könnten wahrscheinlich die tollsten Geschichten erzählen, wenn sie es denn könnten. Auf jeden Fall haben sie ihre Funktion schon mal erfüllt: Ein Reisender, nämlich ich, ist neugierig geworden und hat angehalten.
Ich schaue mich auf dem Hof erst mal um und bin gleich begeistert. Nicht nur wegen der alten Autos. Dann gehe dann in den Trödelladen. Es ist immer noch ziemlich früh am Tag und drinnen ist es (un) angenehm kühl. Hat eventuell jemand mal Kings "Needful Things" gelesen? So könnte der Laden in dem Buch ausgesehen haben. Jedenfalls stelle ich mir das so vor.
Direkt aus dem hellen Sonnenschein tauche ich in diese halbdunkle Welt aus antiken Trödel und nicht erkennbaren Gegenständen. Auf jeden Fall scheint niemand da zu sein. Der enge Raum ist total unübersichtlich und mit jeder Menge Zeugs vollgestellt.

Ich mache mich bemerkbar, aber nichts geschieht. Irgendwie habe ich jetzt so das Gefühl, als wenn ich besser wieder in die Sonne wechseln sollte. Aber als ich mich umdrehe um den Laden zu verlassen, steht er plötzlich vor mir. Nicht das ich mich erschrocken hätte, ich bin ein ziemlich harter Typ, aber irgendwie setzt meine Atmung kurz aus. Das muss wohl an der dünnen Luft hier in den

Höhenzügen liegen. Auf jeden Fall steht nun so eine Mischung aus Bigfoot und dem Mann aus den Bergen vor mir. Eventuell hatte er als Kind mal ein schlimmes Erlebnis im Zusammenhang mit Wasser. Denn seitdem scheint er es, zum Waschen, nicht mehr zu benutzen. Um es kurz zu machen, der Typ sieht ziemlich verwildert aus. Aber da er nun mal zwischen dem Ausgang und mir steht, spreche ich ihn freundlich an.

Ich frage nach, na klar, Nummernschildern. Was sollte ich auch sonst in so einem Laden kaufen wollen? Er streckt seine Hand/Pranke aus und zeigt auf die Wand direkt hinter mir. Und wie selbstverständlich hängen dort die Objekte meiner Begierde. Genau wie in Stephen Kings Buch. Immer das Teil, welches man gerade sucht, hängt genau vor der eigenen Nase (Needful Things). Wo denn auch sonst.
Und da hängen natürlich jede Menge US-Plates. Der Mann aus den Bergen legt mir zwei Schilder ans Herz. Es ist auch eines von Hawaii dabei. Hey, woher weiß er, das mir das noch fehlt? Aber nicht mit mir. So läuft das in dem Buch nämlich auch. Ganz bewusst nehme ich ein anderes. Ein schönes weißes aus Montana. Der Preis ist absolut in Ordnung und so reiche ich ihm die vier grünen One Dollar Scheine rüber. Unser kleiner Handel ist damit abgeschlossen und ich möchte wieder zurück in den Sonnenschein. Plötzlich bewegt sich etwas zwischen dem langen Bart und dem Hemd des Verkäufers. Was kommt denn jetzt? Alliens? Ich rechne mit dem Schlimmsten. Aber nein, keine Weltraumungeheuer kommen aus dem Körper des Mannes, sondern ein kleiner Hund schaut mich mit großen Augen an. „I call him Monster", sagt mir mein Gegenüber. Ich bin ziemlich überrascht, denn das Tier hatte ich die ganze Zeit nicht bemerkt. Wie ein Monster sieht der kleine Kerl, im Gegensatz zu seinem Besitzer, zwar nicht gerade aus, aber dieser meint, ich sollte mal die Hundemutter kennen lernen. Dann wüsste ich woher der Name kommt.

Was nun folgt, kann man sich eventuell schon denken. Der so wild aussehende Ladenbesitzer ist sehr freundlich und wir schnacken noch eine ganze Weile. Ich frage, ob ich auf seinem Gelände, die teilweise doch sehr skurrilen Exponate, fotografieren darf und weil er nichts dagegen hat, schieße ich etliche Bilder. Nach „Needful Things" frage ich nicht. Der freundliche Mann aus den Bergen winkt mir noch mal kurz zu und meint, dass ich mal wieder reinschauen soll. Ja vielleicht, wer weiß.

Jetzt liegen schon vier coole Nummernschilder in meinem Kofferraum. Läuft doch! Und weiter geht's.

Auf meinem Weg zum Devils Tower in Montana, überquere ich erst mal die Staatsgrenze nach Wyoming. Wyoming, wie schön das klingt! Das ist schon wieder so ein Name, der in meinem Gehirn einige alte Schubladen öffnet. Wer kennt sie nicht? Die alte Westernserie über „Die Leute von der Shiloh Ranch". Unter anderem mit dem etwas paddeligen, aber äußerst liebenswerten Cowboy Trampas. Und dann natürlich diese blonde Lady in der offenen schwarzen Kutsche! Oh Mann, das waren noch Zeiten. Damals strahlte das deutsche Fernsehen ganze drei Programme aus.

Aber zurück nach Amerika: Der Devils Tower ist ein Felsen, der zylinderförmig in den Himmel ragt. Ein sogenannter Monolith. Steven Spielbergs hat diese Laune der Natur für seinen Film "Die unheimliche Begegnung mit der dritten Art" als Kulisse benutzt. Ich kann den Berg schon aus einiger Entfernung sehen und je näher ich herankomme, desto seltsamer wirkt er auf mich. Irgendwie so, als hätte ihn da jemand in die Erde gerammt und dann vergessen. Die übrige Landschaft, ist zwar hügelig, aber der Tower ist hier der einzige seiner Art.

In so einer schönen Gegend sind natürlich auch etliche Harleys unterwegs. Die Fahrer mit den geliehenen Maschinen tragen meistens einen Helm. Das ist aus versicherungstechnischen Gründen äußerst ratsam.

Natürlich ist es generell nicht verkehrt mit Helm zu fahren, aber in einigen Bundesstaaten ist es eben nicht vorgeschrieben. Montana ist so ein Staat. Von daher sehe ich auch jede Menge Biker mit Kopftuch, Stirnband oder Mütze. Ich frage mich immer, wie diese leichten Kopfbedeckungen bei dem Fahrtwind auf dem Kopf bleiben. Aber es scheint ja zu funktionieren.

Der Devils Tower ist mal wieder ein Park, der nur nach Zahlung einiger Dollars zu befahren ist. Die junge Dame an der Kasse bescheinigt mir, ein richtiger Glückspilz zu sein. Mir ist das ja schon länger klar, aber woher weiß die Kassiererin das? Die Antwort ist ganz einfach: „Gestern hat es hier noch wie aus Kübeln geschüttet und heute lacht die Sonne am stahlblauen Himmel". Ich bin mir nicht sicher, ob sie das zu allen Besuchern sagt, aber ich fühle mich doch gleich noch viel besser.
Es geht etwas bergauf und am Fuße des Towers stelle ich mein Auto ab. Es sind schon etliche Besucher hier und lauschen den Ausführungen eines Rangers. Anscheinend gibt es hier geführte Touren. Ich höre kurz zu und mache mich dann aber allein auf den Weg. Ich nehme den ausgeschilderten Rundgang.
Wie ich so vor dem Felsen stehe, erscheint mir der Berg ganz schön hoch und dann traue ich meinen Augen nicht, da klettern doch tatsächlich ein paar Gestalten in den Felsen rum. Klasse, auch eine gute Idee für einen Samstagvormittag. Ich setzte mich erst mal auf einen Stein und lasse meinen Blick und die Gedanken schweifen.

Auch wenn ich nicht auf den Devils Tower klettern kann, ist die Aussicht, hier am Fuße des Massivs, schon richtig toll. Irgendwann führt mein kleiner Spaziergang mich zurück zum Parkplatz und ich fahre zum Ausgang. Nicht weit entfernt liegt die Devils Tower Trading Post. Ein großes Blockhaus mit allem was ein Tourist so braucht. Ich kaufe mir ein originales Nummernschild von Wyoming, mit dem Felsen und einem Cowboy samt seinem wilden Pferd drauf und lege es zu den anderen.

Was kann es schöneres geben? Einige Biker nutzen die Sonnenterasse für eine Pause und ich nutze die Gelegenheit für ein paar tolle Bilder. White Lady, die Harleys und im Hintergrund der Devils Tower. Auch wenn ich alles möglichst entspannt genieße, bleibt es manchmal nicht aus, auch mal auf die Uhr zu sehen. Wenn ich heute noch zum „Little Bighorn Battlefield National Monument" will, muss ich mich entweder auf den Weg machen, oder das Ganze auf morgen verschieben. Ich entscheide mich für heute und fahre deshalb weiter.

Das historische Schlachtfeld liegt nahe der Ortschaft Crow Agency und dieser Park kostet zur Abwechslung mal wieder keinen Eintritt. Es ist schon später Nachmittag als ich ankomme und ich orientiere mich erst einmal. Wie so oft, gibt es auch hier ein kleines, liebevoll eingerichtetes, Museum mit sehr sehenswerten Ausstellungsstücken. Ich schaue mir alles erst mal in Ruhe an. Bemerkenswert finde ich die offenen Worte auf einem Schild neben einer Schaufensterpuppe. Die Puppe steckt in der Uniform der 7. Kavallerie. Ich nehme mir etwas Zeit und lese es durch. Der Inhalt ist ziemlich kritisch. Hier werden nicht die Soldaten und das Militär glorifiziert, sondern kurz beschrieben, wie es damals tatsächlich in der Armee aussah.

Ob es heute grundlegend anders ist, vermag ich nicht zu beurteilen. Jedenfalls waren die damaligen Soldaten oft ungebildete Einwanderer, die sich durch den Dienst an der Waffe, wie es so schön heißt, den Weg zur amerikanischen Staatsbürgerschaft und natürlich etwas Sold erdienen wollten. Weiterhin steht zu lesen, dass die Ausrüstung (im Gegensatz zu den tollen Hollywoodfilmen) ziemlich dürftig war. Ähnlich schlecht sah es mit der Verpflegung und der ärztlichen Versorgung aus. Mit der Moral in der Truppe stand es auch nicht immer zum Besten. Gewalt, Unterdrückung und Ausschreitungen untereinander, waren an der Tagesordnung.

Also nicht heldenhaft durch die Gegen reiten und arme Siedler vor den bösen Indianern retten. Die Wirklichkeit sah wohl etwas anders aus.

So zogen die Soldaten des 7. US-Kavallerieregiments, unter George Armstrong Custer, gegen die Indianer. Bekanntlich wurden sie in der Schlacht am Little Bighorn, am 25. Juni 1876, vernichtend geschlagen. Die Indianer der Lakota-Siox, Arapaho, und Cheyenne kämpften unter ihren Häuptlingen Sitting Bull, Crazy Horse und Gall ihren letzten großen Kampf gegen die weißen Eindringlinge. Letztendlich, konnte dieser Sieg der Indianer die Besiedlung, verbunden mit der Freiheitsberaubung und teilweisen Vernichtung der Ureinwohner, nicht stoppen. Ganz im Gegenteil, die Nachricht über Goldfunde in den Black Hills, zogen immer mehr Abenteurer an. Das alles ist schon lange Geschichte, aber die Folgen reichen natürlich bis in die Gegenwart.

Ich gehe über die angelegten Wege durch das ehemalige Schlachtfeld und schaue über die Hügel. Die Gegend sieht heute, abgesehen von den Grabsteinen, wahrscheinlich noch genauso aus wie damals, vor über hundert Jahren. Einmalig. Da der Park bald schließt, kann ich ziemlich ungestört auf dem legendären Hügel von Custers Kavallerie stehen und auf die Indianer warten.

Nee, lieber nicht. Das Ende ist ja bekannt. Ich genieße stattdessen die Einsamkeit und die Stille. Die Sonne, der Wind ein paar Vögel. Irgendwo im hohen Gras höre ich ein Klappern. Ach ja, der Schein trügt, ganz ungefährlich ist es hier auch heute noch nicht. Im hohen Gras schleichen sich zwar keine Indianer mehr an, aber die Rattlesnake, oder zu Deutsch Klapperschlange, ist auch nicht zu unterschätzen.

Dieser Ort nimmt mich mit seiner eigentümlichen Stimmung gefangen. Hier könnte ich stundenlang bleiben und vor mich hin träumen. Ich habe das Gefühl, als würde jeden Augenblick ein Reiter auf mich zu kommen. Und dann kommt tatsächlich jemand.

Allerdings ist es eine Rangerin im Auto. Sie macht mich freundlich darauf aufmerksam, dass hier bald Feierabend ist und ich mich demnächst in Richtung Ausgang begeben möchte. Ich danke ihr für die Information und dann bin ich wieder allein mit der Natur.

Vorbei an den Grabsteinen, nehme ich den Weg zum Auto. Für mich ist es ein ganz besonderer Ort und ich wäre gerne noch länger geblieben. Aber dann hätte ich früher hier sein müssen.

Ob ich nun will oder nicht, ich muss mir noch ein Hotel für die Nacht suchen. Die nächste größere Stadt heißt Billings. Also schaue ich in mein Couponheft und suche mir was Passendes in Billings Montana. Die Hoteladresse ins Navi eingegeben und los geht es.

Das Hotel liegt etwas abseits in einem Gewerbegebiet und als ich gerade auf den Parkplatz vor der Lobby fahre, passiert es wieder!

Ich vernehme ein bekanntes Geräusch. Mein Auto spricht erneut mit mir: Es macht wieder einmal Ping!

Wir sind jetzt schon über 3000 Meilen, oder 4800 Kilometer zusammen gefahren und White Lady schreibt mir in das Display <Water>. Wenn das so weitergeht, lerne ich hier eine Vokabel nach der anderen.

Mein Auto möchte Wasser für die Scheibenreinigungsanlage. Na wenn weiter nichts ist, das werde ich gleich morgen früh erledigen Ihr Wasser soll sie haben, allerdings nicht mehr heute.

Denn jetzt ist erst mal Feierabend.

Day 10
Billings Montana – Cody Wyoming

Es ist Sonntagmorgen und ich verlasse das Hotel. Die Sonne kommt gerade über die Berge und scheint mir ins Gesicht. Ja! Es geht wieder los. On the Road again! Aber irgendetwas stimmt nicht. Ich habe in der linken Hand meinen schwarzen Trolli, der Rucksack hängt über der Schulter und in der rechten den Schlüssel für mein Auto. Ich drücke auf die Fernbedienung, aber meine White Lady reagiert nicht. Ich probiere es noch einmal, aber nichts passiert. Oh Mann, das kann doch jetzt wohl nicht wahr sein. Die Rocky Mountains liegen vor uns und meine Lady zickt rum.

Klar, die Dame sieht nach der langen Tour nicht mehr wie neu aus. Die Frontpartie ist voller Fliegen und auch ein paar dicke Heuschrecken kleben am Kühler und an den Lampen. Aber so ist das Leben auf dem Highway nun mal. Dafür habe ich Sie gekauft. Harte Dollars für harte Arbeit. Oder was hat sie gedacht, als ich sie am Flughafen von Newark abgeholt habe? Nur ein bisschen durch Manhattan cruisen und auf dicke Hose, äh Bluse, machen? Nein, so läuft das nicht. Ich will hier einen ganzen Kontinent, von der Ostküste bis zur Westküste, durchqueren. Das ist kein Kinderspiel, da kann ich solche kleinen Scharmützel nicht gebrauchen. White Lady soll jetzt nicht rum zicken, sondern die Tür öffnen. Ich bin etwas angefasst!

Plötzlich kommt mir ein Verdacht, nein, das kann nicht sein. Und wenn doch? Ich weiß nicht so richtig.
Nicht, dass die Lady eingeschnappt ist, weil sie gestern kein Wasser mehr bekommen hat? Das würde natürlich einiges erklären. Oder? Klar, ich habe die Scheibenreinigungsanlage gestern nicht mehr aufgefüllt, aber heute hätte ich es auf jeden Fall getan. Ganz bestimmt!
Egal woran es liegt, die Türen bleiben verschossen und ich werde jetzt richtig sauer auf mein Fahrzeug.

Und das sage ich White Lady auch: „Okay Baby, wenn das so ist, du hast es nicht anders gewollt. Ich werde jetzt die Hotline vom Autovermieter anrufen, dann können die dich hier abholen und mir ein richtiges Auto bringen. Nicht so ein weißes Weichei". Zum Glück sieht mich niemand, wie ich da so vor dem Hotel stehe und mit dem Auto schimpfe. Obwohl, wenn ich es mir recht überlege, bin ich jetzt bestimmt auf irgendeiner Überwachungskamera drauf und habe gute Chancen für die nächste Pannenshow. Aber das ist im Augenblick zweitrangig. Wütend drücke ich noch mal auf den Knopf der Fernbedienung und plötzlich reagieren die Blinker und der Türknopf geht hoch! Na siehst du, geht doch. Manchmal muss man nur den richtigen Ton treffen.

Ich denke mir aber, dass es schon besser ist, wenn mein Schlüssel einwandfrei funktioniert. Nachher stehe ich irgendwo im Nirgendwo und kriege mein Auto nicht auf. Das wäre dann ziemlich blöd und so rufe ich trotzdem noch die Hotline vom Autovermieter an. Ich lande in einem dieser, mittlerweile überall gängigen, Selbstwählmenüs und will ich mich beim Vermieter erkundigen, wie ich mit meiner bockigen Lady weiter verfahren soll. Den Punkt emotionale Befindlichkeiten zwischen Auto und Fahrer, gibt das vorgegebene Menü nicht her, aber ich werde mit einer Dame verbunden. Ich schildere ihr mein Problem auf der Sachebene und sie will nur kurz am Computer checken, ob mein Auto überhaupt existiert. Über meinen kleinen Witz: „Na klar, die Karre steht doch hier direkt vor mir", kann die Dame von der Hotline nicht so richtig lachen. „Nein so ist das nicht gemeint". Na gut, es ist schließlich Sonntagmorgen, da sind nicht alle Menschen gut gelaunt. Dann ist die die Verbindung mit einem Male unterbrochen. Ob sie nicht mehr mit mir reden will? Ich möchte der Angestellten nichts unterstellen und vielleicht ist es auch besser so. Ich glaube, die Dame hätte mir auch nicht so richtig weiterhelfen können.

Da Billings allerdings eine etwas größere Stadt, mit einem eigenem Airport ist, hoffe ich darauf, dass mein Vermieter auch am Flughafen eine Niederlassung hat. Ich suche nach der Adresse der örtlichen Vertretung vom Autovermieter im Internet und werde fündig. Gut, ich mache mich auf den Weg. Die Straßen sind menschenleer und so bin ich nach knapp 15 Minuten am Ziel.

Der Airport liegt auf einen Hochplateau über der Stadt und als ich ankomme ist nicht viel los. Um nicht zu sagen, ich bin weit und breit der einzige Mensch. Wie gesagt, es ist Sonntagmorgen. Da überquert eine junge Dame, mit einem großen dampfenden Kaffeebecher in der einen und einem Handy in der anderen Hand, vor mir die Straße. Ich halte an und frage Sie nach meinem Vermieter.
"You can follow the crazy redhead" sagt sie und weist mit ihrem Handy in Richtung einer vor uns gehenden Frau. Jetzt soll ich also einer, zumindest nach Ansicht ihrer Kollegin, verrückten, rothaarigen Angestellten hinterher fahren. Mir bleibt anscheinend nichts anderes übrig und so spreche ich jetzt schon die zweite junge Frau an diesem Morgen an. Nicht, dass das zur Gewohnheit wird.

Die rothaarige Dame ist zwar ganz nett und ich darf sogar ihren Kaffee halten, während Sie die Fernbedienung ausprobiert, aber letztendlich kann sie mir auch nicht helfen. Ich soll doch einfach wieder runter in Stadt zum nächsten Dodge Dealer fahren. „Der kann da ja mal eine neue Batterie in den Schlüssel machen".
Na gut denke ich, das war´s dann für mich. Eine Diskussion möchte ich an diesem schönen Tag nicht beginnen und ich habe irgendwie das Gefühl, dass die Frauen mich heute fertigmachen wollen. Wie konnte es mit mir nur soweit kommen? So richtig zufrieden bin ich nicht.

Aber ich will heute noch etwas weiter und wenn ich nicht bald losfahre, liegt Schnee in den Bergen. Ich vergesse erst mal die Fernbedienung und nehme den Notschlüssel. Damit kann ich das Auto auch öffnen und anspringen ist ebenfalls kein Problem. Bevor es allerdings weitergeht, will ich aber noch kurz zur Tankstelle, um die Lady etwas zu säubern und ein paar Liter der guten Waschlotion in die Scheibenwaschanlage zu füllen. Gesagt getan. Als ich wieder einsteige, spüre ich förmlich wie sich die Atmosphäre im Auto verändert hat. Believe it or not: Der Schlüssel funktioniert mit einem Male auch wieder einwandfrei. White Lady scheint zufrieden zu sein. Was so ein bisschen Pflege doch ausmachen kann. Klasse.

Also kann es doch noch weiter gehen. Ich fahre nun von Billings in Montana, nach Cody in Wyoming. Cody? Richtig, da war doch mal ein gewisser Buffalo Bill Cody. Der berühmte Büffeljäger und Zirkusdirektor Wild Bill Hickock.
Für mich ist das jetzt eine kleine Zwickmühle, Cody der Büffeljäger und ich der Büffelfan. Aber ich kann die Geschichte nicht mehr ändern und so fahre ich weiter. Die Strecke ist nicht zu weit, aber es geht, zum ersten Mal auf dieser Reise, durch die legendären Rocky Mountains. Bergauf sozusagen. Ich bin total begeistert.

Nachdem wir unser kleines Gefecht ausgetragen haben, sind White Lady und ich wieder ein Herz und eine Seele. Die Pistengaudihits von der CD passen jetzt sogar richtig zur Umgebung: „Mit den Ski an Füßen und dem Ar... im Schnee". Ja tatsächlich, hier oben in den Bergen liegen noch Reste der weißen Pracht. Sie haben den Sommer überstanden. Ich lasse mir die Chance nicht entgehen und stelle mich barfuß in ein kleines Schneefeld.
Hier lässt es sich gut aushalten. Ich stelle mein Auto in die Sonne und nutzte meine Mittagspause zum Schreiben. Herrlich. So kann man seinen Sonntag auch mal verbringen. Dann mache ich noch einen kleinen Spaziergang und genieße die Aussicht hier in der Höhe. Soweit das Auge reicht, nur unberührte Natur.
Die Straße, auf der ich hochgekommen bin, lasse ich mal außen vor.

Als ich den nächsten Berg hochfahre, bin ich plötzlich etwas irritiert. Hier scheint es einige Radfahrer zu geben, was an sich nicht unbedingt etwas Besonderes ist. Radler gibt es auch in den USA fast überall. Natürlich nicht so viele wie bei uns, aber es gibt sie. Allerdings sehen die hier etwas seltsam aus. Mir kommen Biker entgegen, die in diese raue Bergwelt eigentlich gar nicht hineinpassen. Zumindest für mein Empfinden. Es dauert einen Moment, bis mein Verstand registriert, was meine Augen sehen. Es sind keine stahlharten Typen mit tollen Rennrädern oder Mountainbikes, nein, das genaue Gegenteil ist der Fall. Gerade kommt mir eine Frau mit einem großen Einkaufskorb am Lenker entgegen. Dann noch ein kleines Mädchen mit einem Kinderrad, gefolgt vom Rest der Familie. Und das Ganze in ein paar tausend Metern Höhe.

Ich kann das irgendwie nicht einordnen. Die sind doch niemals diesen Berg mit dem Rad hier hoch gekommen. Und vor allen Dingen, müssen sie nach dieser Abfahrt, ja auch die nächste Steigung wieder hoch. Wie gesagt, ich bin etwas irritiert.

Ich fahre weiter bergauf und hinter der nächsten Kurve komme ich auf einen Parkplatz. Und jetzt klärt sich der Sachverhalt schnell auf. Dort warten schon die nächsten Kandidaten auf die Abfahrt. Vor mir steht ein Truck mit einem großen Anhänger und jeder Menge Fahrräder drauf. Eine wilde Horde mit großer Piratenfahne, macht sich gerade fertig für die Downhill-Party.

Die kommen hier also mit Auto und Hänger nach oben, um dann die Serpentinen mit dem Rad herunter zu rollen. Auch ein Sonntagsvergnügen. Wenn auch, aus meiner Sicht, ein nicht ganz ungefährliches.

Manchmal wird das Thema Sicherheit in den USA ganz schön strapaziert und manchmal scheint es keinen zu interessieren. Aber das Land ist ja auch ziemlich groß und es lässt sich nicht alles einfach verallgemeinern.

Was in dem einen Bundesstaat erlaubt ist, zum Beispiel Alkoholverkauf am Sonntag, ist in anderen Staaten verboten. Dann fahren die durstigen Menschen eben über die Grenze und decken sich dort mit Feuerwasser ein. Aber in Deutschland ist ja auch nicht alles gleich. Ich denke da nur an die Feiertage. Da sind Nord und Süd auch ziemlich unterschiedlich aufgestellt.

Ich lasse die Biker und die Bergkette hinter mir und erreiche Cody. Die Stadt liegt am östlichen Eingang vom Yellowstone National Park und ist somit die letzte Möglichkeit zur Übernachtung außerhalb des Parks.
Am Ortseingang parkt auch schon der Sheriff, um eventuell zu schnell fahrende Touristen dollarmäßig etwas zu erleichtern. Da ich mit Schwung aus den Bergen komme, ist die Idee des Ordnungshüters gar nicht so abwegig. Also bremse ich meine Geschwindigkeit entsprechend runter und bleibe so unbehelligt.

Es gibt zwar auch im Yellowstone einige kleine Hotels und Cabins, aber die Zahl ist ziemlich begrenzt und macht eine Vorabreservierung nötig. Da ich auf meiner Reise keine Zimmer im Vorfeld buche, mache ich mich in Cody auf die Zimmersuche. Obwohl die Stadt ziemlich voll ist, bekomme ich im vierten Anlauf ein Zimmer.
Einer wollte mir seine Honeymoon Suite mit Whirlpool vermieten. Da ich jedoch alleine unterwegs bin, White Lady hat bisher immer draußen geparkt, fand ich die Hochzeitssuite etwas unpassend.
Aber ich habe ja auch so ein Zimmer gefunden. Zum Abschluss des Tages besuche ich noch ein kleines Restaurant und esse Salat, mit den besten wahrscheinlich besten Hotwings in ganz Wyoming.
Ach ja, Wyoming, den hatte ich auch noch nicht!

Day 11
Cody Wyoming - Yellowstone National Park – Grand Teton National Park – Jackson Wyoming

Gestern habe ich also zum ersten Mal, richtige Bekanntschaft mit den Rocky Mountains gemacht. Eine Strecke, für die ich sonst zwei Stunden brauche, hat sich den ganzen Tag hingezogen. Am Ende hatte ich keine 150 Meilen auf dem Tacho geschafft. Aber hier ging es ja auch nicht stundenlang geradeaus. Eine Tour durch die Rockies ist eben etwas ganz besonderes. Da zählen nicht die schnöden Kilometer auf dem Konto.

Mein Hotel war nicht zu schlecht und ich checke ziemlich früh aus. Wie ich es anfangs schon mal beschrieben hatte, gibt es solche und solche Hotels. Dieses bietet mir zum Frühstück Muffins und Orange Juice. Also Kuchen und O-Saft. Na gut, das reicht für den Anfang.
Muss ich extra erwähnen, dass die Sonne gerade über die Berge kommt und mir ins Gesicht scheint? Ich freue mich auf den weltberühmten Yellowstone National Park und es dauert nicht zu lange, da stehe ich mit White Lady auch schon vor einem Kassenhäuschen. Ich zahle meinen Eintritt und werde noch einmal ausdrücklich vor den wilden Tieren im Park gewarnt. „Auch wenn sie eventuell keinen gefährlichen Eindruck machen, ist Abstand und Vorsicht mehr als angebracht", belehrt mich der Ranger. Ich danke ihm und fahre weiter.

Tiere sehe ich allerdings erst mal nicht, dafür eine Kolonne Straßenbauarbeiter. Vor mir steht eine Dame mit einem großen Stoppschild in der Hand. Die Straße wird für die nächste Sommersaison überholt und jetzt ist nur eine Fahrspur benutzbar. Nachdem mir einige Baustellenfahrzeuge entgegen gekommen sind, dreht die Frau das Stoppschild um und ich darf „slow" also langsam weiterfahren. Diese Art von menschlicher „Baustellenampel" findet man in den ganzen USA. Die Arbeiter oder Arbeiterinnen am Beginn und Ende der Baustelle, sind über Funk miteinander verbunden und geben, je nach Verkehrsaufkommen, die Straße frei, oder auch nicht. Der Job ist bestimmt nicht ohne, so den ganzen Tag auf der Straße. Aber es ist immerhin schon mal ein Job.

Ich lasse die Baustelle hinter mir und fahre wieder bergauf. Der Vorteil vom frühen Aufstehen, bzw. Ankommen in so einem Park ist natürlich der, dass man anfangs noch ziemlich allein unterwegs ist. Ich will eigentlich nicht immer schreiben, wie sehr ich die Tour genieße, aber was soll ich machen. Es ist nun mal so.

An einem kalten und glasklaren Bergsee, stelle ich die White Lady ans Ufer und schieße ein paar schöne Bilder. Über dem See thront ein schneebedeckter Gipfel und hinter mir dampfen irgendwelche unterirdischen Quellen. Der Yellowstone ist voll davon. Der bekannteste ist sicherlich der Old Faithful (der alte Getreue).

In bestimmten Zeitabständen bläst er eine riesige Dampffontäne in den Himmel und einige Hundert Schaulustige warten, mehrmals täglich, auf dieses Naturschauspiel. Ich lasse es mir natürlich auch nicht entgehen, obwohl mir einige der heißen Quellen, mit ihren unterschiedlichen Farben und Formen, sogar noch besser gefallen.

Es geht auf Mittag zu und der Park füllt sich. Allerdings ist das Areal so groß, das man nicht ständig auf andere Besucher stößt. Ich komme zur beliebten Fishing Bridge. Unter ihr zogen früher die Lachse und Forellen zu ihren Laichplätzen den Fluss hinauf. Die Brücke war dann mit Anglern gefüllt, die den ausgehungerten Fischen einen kleinen, nicht ganz kostenlosen, Imbiss anboten. Er kostete den meisten fischen das Leben. Statt im Fluss zu laichen landeten sie als Leiche in der Bratpfanne.

Nach einigen Jahren ging die Fischpopulation sehr stark zurück. Jetzt darf hier nicht mehr geangelt werden und der Fischbestand hat sich erholt. Ach. So, oder so ähnlich steht es auf einen großen Schild neben der Brücke. In einiger Entfernung sehe ich sie dann wieder, da hinten am Fluss liegen sie, meine Bisons. Es sollen jedoch nicht die letzten sein, die ich heute zu Gesicht bekomme. Ich fahre (wie meistens) um eine Kurve und dann ist es soweit. Eine Bisonherde steht am Seeufer. Ich halte auf einem nahe gelegenen Parkplatz an und schaue ihnen zu. Aussteigen ist mir zu gefährlich und so bleibe ich im Auto sitzen. Ein Büffel ist dreimal so schnell wie ein Mensch!

Jetzt beginnen die Tiere sich in meine Richtung zu bewegen. Die großen Exemplare vorne weg. Als sie jedoch bei mir angekommen sind, scheint das Gras besonders lecker zu schmecken, denn sie ziehen nicht weiter, sondern grasen direkt vor meiner Nase. Ein großer Bulle hält mich, nur mit seinen Blick, in Schach. Ich fotografiere wie ein Verrückter und hoffe, dass ihn das nicht stört. Aber ich habe anscheinend Glück, er ignoriert mich jetzt einfach. Dann ziehen die Bisons weiter und ich auch. Ich verlasse den Park und fahre nach Süden zum Teton National Park. Dieser grenzt direkt an den Yellowstone und steht ihm an Schönheit in nichts nach. Das Wetter ist immer noch klasse, das Auto läuft wie geschmiert und ich bin total zufrieden.
Und dann passiert es, es geschieht am helllichten Tag. Wie aus heiterem Himmel, erwischt es mich. Nach etlichen tausend Kilometern muss ich mich nun heute Nachmittag geschlagen geben. Der Nationalpark-Virus, einigen auch bekannt als Grand Canyon-Fieber, hat zugeschlagen. Am Anfang merke ich allerdings erst einmal nichts davon. Aber ich habe die letzten Tage wohl etwas übertrieben, mich einfach zu sicher gefühlt.
Wahrscheinlich waren es zu viele Parks in zu kurzer Zeit und jetzt schlägt das Fieber zu.
Der Krankheitsverlauf spielt sich immer gleich ab. Im Yellowstone war noch alles bestens. Die Büffel standen direkt neben meinem Auto (mein Traum), die Landschaft war umwerfend und ich bin dann von einen Highlight zum nächsten gefahren. Fahren anhalten, Fotos, weiter und wieder anhalten und wieder fotografieren. Die ganze Prozedur geschätzte hundert Mal.

Ein Ausblick ist schöner als der vorherige und deswegen halte ich ja auch schließlich immer wieder an. Aber im nächsten Park, dem Grand Teton, der etwas kleiner und längst nicht so bekannt ist, geht es jetzt voll los. Ich fotografierte gerade den über 4000 Meter hohen Berg, eben den Grand Teton, den Namensgeber des Parks, als ich plötzlich keine Lust mehr habe. Ich will nicht mehr anhalten oder auch nur aus dem Fenster Fotos schießen. Ich habe das Fieber. Ich will einfach nicht mehr. Also fahre ich irgendwo rechts ran, hole mir eine Coke aus dem Kofferraum und setzte mich in die Sonne.

Der Fotoapparat bleibt im Auto liegen und ich schaue einfach nur in die Berge und warte. Ich warte auf nichts bestimmtes, ich warte einfach nur. Keine Ahnung wie lange ich so dagesessen habe, aber irgendwann bin ich wieder fit. Jetzt will ich erst mal irgendwo etwas essen. Die nächste Stadt heißt Jackson und gleich am Ortseingang stehen zwei Motels. Bevor ich in der Stadt lange suchen muss, nehme ich gleich das erste an der Straße. Und was soll ich sagen, ich bekomme das letzte Zimmer. In den größeren Städten, die an den Ein- und Ausfallstraßen zu den großen Nationalparks liegen, sind die Hotels ungleich stärker belegt, als auf meiner bisherigen Reise. Das habe ich schnell gelernt. Ein weiterer wichtiger Faktor ist die Ankunftszeit. Ist auch logisch. Je später ich ein Hotel suche, desto übersichtlicher wird die Auswahl.

Aber ich hatte ja wieder Glück und sitze jetzt auf dem Balkon meines heutigen Hotels. Vor mir verläuft die Straße und dahinter liegen die Berge. Früher ritten hier die Cowboys auf Pferden lang, heute reiten die Anwälte und Zahnärzte auf Harleys vorbei. Das Internet läuft, also kann ich gleich anfangen ein paar Zeilen zu schreiben. Dann geht es unter die Dusche und danach ab in die Stadt, was essen. Morgen will ich nach Salt Lake City, die von den Mormonen gegründete Hauptstadt des Bundesstaates Utah.

Day 12
Jackson Wyoming – Salt Lake City– Boise Idaho

Ich bin gerade aufgewacht und ja, die Sonne scheint auch heute wieder in mein Hotelzimmer. Tatsächlich bin ich, selbst nach 11 Tagen on the Road, morgens immer noch etwas unruhig und kann es kaum erwarten, meine kleine Tour fortzusetzen. Aber ich schreibe trotzdem noch schnell ein paar Zeilen nach Deutschland. Das Internet funktioniert (was hier in den Bergen ja nicht unbedingt so sein muss) und so kann ich meine Post wieder in die Spamordner meiner Leser beamen.

Vor meiner Reise hatte ich mir so eine kleine Exceltabelle gemacht. Diese war ursprünglich als eine Art Leitfaden gedacht, damit ich so ungefähr weiß, wann ich wohin fahren muss. So ein richtiger Plan war es zwar nicht, aber ein paar Zeiten und Meilen hatte ich mir aus Google Maps herausgesucht. Leider habe ich die Tabelle aber anscheinend zu Hause auf meinem Schreibtisch vergessen. Gerade heute wollte ich mal sehen, in wie weit Planung und Wirklichkeit übereinstimmen. Unerfreulicher weise kann ich das Blatt jedoch nicht finden. Aber letztendlich ist es auch egal, dann fahre ich die restlichen Tage eben auch noch nach Gefühl weiter. Schließlich mache ich das ja schon seit fast zwei Wochen so.

Ich lasse die Berge hinter mir und komme in das Flachland. Als ich die Grenze nach Utah überquere, bin ich meinem Ziel einen weiteren Schritt näher gekommen. Wieder ein Bundesstaat mehr in meiner Sammlung. Ursprünglich wollte ich mir Salt Lake City etwas genauer ansehen, aber als ich die Stadt erreiche, habe ich mit einem Mal irgendwie gar keine richtige Lust mehr. Es sind mir einfach zu viele Menschen hier. Und dann noch dieser, verhältnismäßig dichte, Autoverkehr. Kurz gesagt, es zieht mich plötzlich nichts mehr weiter. Wenn ich eine Zeit lang in den Bergen und der Natur unterwegs war, kann es passieren, dass größere Städte ganz unerwartet ihren Reiz für mich verlieren. Oder habe ich etwa noch das Grand Canyon Fieber?

Ich passiere das Ortsschild, fahre noch etwas weiter und drehe dann bei nächster Gelegenheit um. White Lady bringt mich zurück zum großen Salzsee, dem Salt Lake City seinen Namen verdankt. Bis heute weiß ich nicht, was ich in der Stadt verpasst habe. Aber alles geht ja sowieso nicht und wie gesagt, ich fahre nach Gefühl. Jetzt stehe ich hier am großen Salt Lake und schaue in die Weite der Natur.

Hier gibt es nicht nur den großen Salzsee, der kein Gewässer im herkömmlichen Sinne ist, sondern auch riesige, trockene Salzflächen. Diese machten den Salt Lake durch die hier aufgestellten Geschwindigkeitsrekorde weltberühmt. Mit Gefährten aller Art, unter anderem auch raketenähnliche Geschosse, haben hier wagemutige Männer, Frauen waren bestimmt auch dabei, einen Rekord nach dem anderen gefahren. Allerdings ist die Gegend keine Rennstrecke, sondern in erster Linie ein großer Naturpark mit vielen verschiedenen Tieren und Pflanzen.

Der gigantische Park ist nur gegen eine Gebühr zu besichtigen und während ich noch vor dem Eingang stehe um meine weiteren Schritte zu überlegen, kommt aus Richtung der Rockies eine riesige, schwarze Wolkenwand auf mich zu. Das kenne ich doch schon irgendwo her!

Aus meiner Sicht kann das nur eines bedeuten: Hier ist in Kürze ein dickes Unwetter zu erwarten. Die Natur nimmt mir also meine Entscheidung ab. Statt den Park im Regen zu besuchen, mache ich mich auf den Weg nach Boise in Idaho. In Boise will ich noch mal übernachten, bevor ich mich am nächsten Tag mit Mike in Seattle treffe. Und so geht es aus der Ebene wieder zurück in die Berge.

Ich cruise wieder weiter in Richtung Westen. Jetzt nähere ich mich dem Ziel meiner Reise: Seattle im Bundesstaat Washington, der letzte neue Staat für dieses Jahr. Nicht zu verwechseln mit Washington DC, der amerikanischen Hauptstadt an der Ostküste.

Damit hätte ich auf dieser Reise insgesamt 17 neue Staaten gesammelt.
Ist ja toll, höre ich schon den einen oder anderen sagen. Und was soll das? Was fährt der HDW da wie ein Bekloppter durch Amerika? Der könnte doch auch zu Hause bleiben und da schöne Dinge tun. Na ja, zum Beispiel die Woche über zur Arbeit gehen, abends zum Fußball oder Radfahren und dann am Samstag mal ein schickes Hemd anziehen und mit seiner Frau im großen Shoppingcenter einkaufen gehen. Genau, und dann noch die Bundesliga, die Champions League und die Formel 1. Also, was soll das Ganze? Warum bleibt der denn nicht zu Hause?

Gut, ich will das mal so sagen: Eigentlich wollte ich mal Surfer werden und meinen 30. Geburtstag auf Hawaii feiern. Das hat damals aber leider, aus verschiedenen Gründen, nicht geklappt. Stattdessen haben wir seinerzeit eine schöne Einweihungsparty in unserem neuen Haus gefeiert. Die Bude war gerammelt voll und irgendwann hat es dann geklingelt. Hurra, die Polizei ist da.
Die Musik war etwas zu laut und wir sollten doch bitte...!
Ich stand mit den beiden Polizisten noch an der Tür und fühlte mich ziemlich unwohl, da kam mein Kumpel an und fragte, ob die Beamten nicht seinen Mercedes nach Hause fahren könnten? Er hätte wohl schon ein bisschen zu viel getrunken und wollte nicht mehr fahren. Ich stand vor den Beamten und traute meinen Ohren kaum. Nicht, dass die mir hier gleich die ganze Party auflösen. Aber dann sagte der eine Polizist: „Klar, kein Problem, wo wohnst du?". Der zweite Polizist nahm den Schlüssel und die Jungs hauten ab. Wir feiern weiter. Sag ich ja immer: Die Polizei dein Freund und Helfer.

Waren das Zeiten. Wie gesagt, ich hatte damals also keine Zeit und deshalb habe ich Hawaii auf meinen 50. Geburtstag verschoben (Hawaii 50). Vorher will ich aber den anderen 49 amerikanischen Staaten einen kleinen Besuch abstatten. Und genau das mache ich gerade.

Day 13
Boise Idaho – Oregon – Seattle Washington

In Boise suche ich mir ein Hotel (das ist ja mal was ganz Neues) und verbringe die letzte Nacht, vor meinem Ziel Seattle, ohne besondere Ereignisse. Ich schlafe, stehe auf und fahre weiter. In der Natur gibt es jedoch wieder eine Veränderung. Je näher ich dem Pazifik komme, desto grüner wird die Landschaft. Eben überquere ich die Grenze zu Oregon. Hier war ich auch noch nicht und so kommt wieder ein Haken in meiner Liste dazu. Oregon hat sicherlich einiges zu bieten und ich hatte mal überlegt, das letzte Stück an der Küste entlang zu fahren. Allerdings habe ich mich dann aber dagegen entschieden. Die Strecke auf dem Highway One spare ich mir noch für ein anderes Mal auf.

Dann ist es soweit. Ich sehe das Schild mit der Aufschrift Washington. Ich habe den letzten Bundesstaat auf dieser Reise erreicht. Wenn ich richtig gezählt habe, bin ich soeben bei Nummer 35, der von mir besuchten Staaten gelandet. Das muss ich aber noch mal in Ruhe überprüfen. Nachher kommen da noch Leserbriefe.

Ein besonderes Gefühl stellt sich, so kurz vor dem Ziel, bei mir gerade nicht ein und so fahre ich einfach nur ganz entspannt weiter. Ich freue mich auf das Wiedersehen mit Mike. White Lady und ich sind übrigens wieder alleine unterwegs. Mein Team hat sich aufgelöst. Heute Morgen ist der Fotograf mit meiner Sekretärin durchgebrannt. Oder hatte ich gar nicht erwähnt, dass ich zwischenzeitlich einige Leute eingestellt hatte? Egal, ist auch nicht so wichtig.

100 Meilen vor Seattle ist es dann soweit. Die Sonne verschwindet hinter dicken Wolken (ob ich sie jemals wiedersehen werde?) und es fängt, ja was wohl, zu regnen an. Hier oben, an der nördlichen Spitze der amerikanischen Westküste, regnet es anscheinend ziemlich oft.

Und dann passiert es: Ich komme über einen Berg und vor mir stehen die Autos auf dem Highway. Das gibt es doch gar nicht! Da fahre ich fast 5000 Meilen durch Amerika ohne einen einzigen Stau (mal ein wenig zähfließend in den Städten, aber sonst war da nichts) und jetzt hänge ich die letzten zehn Meilen zum Hotel im dicksten Feierabendverkehr von Seattle. Aber letztendlich ist es dann doch nicht ganz so schlimm.

Dann habe ich es geschafft und beim Marriott Hotel treffe ich Mike. Klasse. Er hat ein kleines Apartment im Obergeschoss und überlässt mir freundlicherweise sein Wohnzimmer. So kenne ich ihn. Das Wenige was er hat, teilt er noch mit einem armen, hungrigen, deutschen Reisenden. Zum Schlafen ist es noch zu früh und wir wollen unser Wiedersehen ein wenig feiern. Deshalb machen wir uns auf den Weg zum Hafen. Zum ersten Mal seit zwei Wochen, nehme ich auf dem Beifahrersitz Platz und genieße es.

Da Mike hier öfter zu tun hat, kennt er sich aus und ich kann ganz locker aus dem Fenster schauen. Seattle scheint eine tolle Stadt zu sein. Leider ist es aber schon zu dunkel, um allzu viel zu erkennen. Die Ausnahme ist die Space Needle, der hohe markante Turm ist das Wahrzeichen der Stadt. Hell erleuchtet ragt die „Nadel" in den dunklen Nachthimmel. Wir fahren weiter in Richtung Hafen, um eine Kleinigkeit zu essen. Mike kennt ein tolles Fischrestaurant und dort schlagen wir voll zu.

Bei der Bestellung verlasse ich mich ganz auf seine Erfahrung und so stehen nach kurzer Zeit eine Schale mit Austern und die berühmten Alaska-King-Crabs auf unserem Tisch. Es sind diese riesigen Königskrabben, mit den langen Beinen, die nicht so recht auf den Teller passen. Der eine oder andere kennt sie eventuell aus der Serie im Discovery-Channel. Die Krabbenfischer haben angeblich einen der gefährlichsten Jobs der Welt. Wer die Serie mal gesehen hat, wird es glauben.

Das Essen ist der reine Wahnsinn und wie Mike sagt, jeden Cent wert. Er sollte Recht behalten. Ich kann ihm nur zustimmen. Wir sitzen uns gegenüber, erzählen von alten Zeiten und genießen unser tolles Essen. Mensch, ist das ein Leben.

Am Nebentisch sitzen ein paar Leute und irgendwer meint, dass sie die Stars aus der Serie "Grey's Anatomie" sind. Ich erinnere mich an meine Kollegin, die mir vor der Reise sagte, ich solle unbedingt ein Autogramm mitbringen, wenn ich diese Jungs irgendwo treffe. Und so lasse ich mir, von dem Typen den sie "Mc Dreamy" nennen, ein Autogramm auf eine Servierte schreiben. „Es ist für eine Arbeitskollegin". „Okay, what's her name"? Und so schreibt der berühmte Schauspieler, den ich Kulturbanause und bestimmte Privatsenderverweigerer, gar nicht kenne, seine Widmung auf eine tolle Papierserviette.

Wir schnacken noch ein bisschen mit den Schauspielern und dabei stellt sich heraus, dass sie gar keine echten Ärzte sind (die tun im Fernsehen nur so!) und, Susanne du musst jetzt stark sein, dass die Serie hier in Seattle gar nicht gedreht wird. Sondern in Los Angeles, weil die Sonne in Kalifornien fast immer scheint. Was man von Seattle irgendwie nicht gerade behaupten kann. Und ja, das Krankenhaus neben der Space Needle steht dort in Wirklichkeit auch nicht. Das wird da auch nur irgendwie reingeschnitten. Ja, ja die Filmindustrie. Man kann denen einfach nicht alles glauben.

Irgendwann hauen die TV-Ärzte ab und wir wollen auch los. Leider hat der Ober unseren Tisch in der Zwischenzeit zum dritten Mal abgeräumt und dabei auch die Servierte mit dem Autogramm mitgenommen. Jetzt habe ich gar keinen Beweis, für dieses wirklich tolle Treffen. Das ist echt schade. Wir fahren zum Hotel und sehen zu, dass wir ein paar Stunden Schlaf bekommen. Ich will morgen noch eine kleine Runde drehen.

Day 14
Seattle – Neah Bay – Seattle

Mike hat heute noch einen wichtigen Termin und ich auch. So trennen sich unsere Wege fürs erste. Für mich geht es noch ein paar Meilen weiter nach Westen. Genauer gesagt zum North Pacific Ocean, damit meine Reise vom "Atlantic to Pacific" auch wirklich komplett ist. Seattle liegt zwar am Wasser, aber der offene Ozean ist noch ein kleines Stück entfernt. Die Sonne lässt sich nicht blicken und so fahre ich meine letzte Tour eben im Nieselregen. Macht auch nichts, ist eben so.

Ich gondle von Seattle über Aberdeen nach Neah Bay. Irgendwo habe ich auf einem Schild „Rainforest", also Regenwald, gelesen. Das passt tatsächlich. Der Wald heißt wohl nicht ohne Grund so. Die Strecke hat es hier teilweise ganz schön in sich. Es ist nass und bisweilen ziemlich glitschig. White Lady dreht jetzt manchmal durch. Zumindest mit den Hinterrädern.
Das liegt wohl daran, dass man bei ihr auf den ganzen neumodischen Krams verzichtet hat. ESP, wozu? Sitzheizung, Außentemperaturanzeige? Wer braucht so was? Bei ihr arbeiten 6 Zylinder mit 3,5 Liter Hubraum. That´s it.

Aber zurück zur Tour. Es geht kleine Berge rauf und runter, dann folgen schmale enge Straßen und Kurven. Unterwegs schaue ich auf die Fahrzeuginstrumente und siehe da, plötzlich steht eine 5000 auf meinem Tacho!
Man, das ist schon eine Hausnummer. 5000 Meilen. Durch meine ganze Cruiserei sind aus den 3500 Kilometern Luftlinie, tatsächlich über 8000 Kilometer geworden. Das Ganze in zwei Wochen. Nicht schlecht, das war eine herrliche Zeit. Aber noch ist sie ja nicht zu Ende.

Dann stehe ich an der äußersten Spitze an dieser Stelle des Landes. Auf der anderen Seite der Bucht liegt das kanadische Vancouver Island und hinter dem Ozean liegt Japan. Bis dahin sind es aber noch mal einige tausend

Meilen. Aber egal, jetzt ist es soweit. Ich suche mir eine schöne Stelle und gehe an den Strand, um ans Wasser zu kommen. Jetzt stehe ich hier, ganz allein im Regen und beende damit offiziell meine Tour durch Amerika. Tja, einfach so. Zwei Wochen nur White Lady und ich. 5000 Meilen von der Ostküste zur Westküste, von New York nach Seattle, einmal quer durch den nordamerikanischen Kontinent. Hier stehen keine Cheerleader und es gibt keinen Rummel. Einfach nur am Stand stehen und den Wellen zusehen. Das Wasser schwappt an die Beach und irgendwo schreit eine Möwe. Weit und breit ist kein Mensch zu sehen. Ich habe mein Ziel erreicht. Nun ereilt mich doch ein etwas seltsames Gefühl.

White Lady und ich fahren zurück nach Seattle. Wir nehmen noch eine Autofähre über den Sound und dann geht's zum Hotel zurück. Mike wartet schon und hat noch eine Überraschung. Wir fahren zu einer Indoorstrecke und wollen ein privates Kartrennen fahren. Es ist schon etwas später am Abend und so haben wir die Bahn für uns ganz alleine. Mike scheint ein halber Profi zu sein, ich komme einfach nicht hinterher. Da fahre ich die 5000 Meilen von Indianapolis ohne Probleme und nach ein paar Runden auf diesem kleinen Feuerstuhl fange ich schon an zu schwitzen. Es macht aber trotzdem einen Riesenspaß. Dann geht es zurück ins Hotel.

Rückblickend kann ich sagen, es war eine tolle Geschichte. Alles hat gut geklappt und ich habe viel Spaß gehabt. Ich fühle mich wie Forrest Gump, als er den Kontinent durchgejoggt ist und dann einfach stehen bleibt. Und mit ihm die ganze Jogger Gemeinde. Eine große Leere macht sich in mir breit. Was soll denn nun werden?

Tja, das weiß ich jetzt auch noch nicht so genau. Auf jeden Fall geht morgen der Flieger nach Kanada. Mike und ich werden dort ein paar Hunter treffen und uns auf die Pirsch machen.

Day 15
Seattle USA – Edmonton Kanada

Mein Ziel habe ich erreicht. Eigentlich sind es gleich mehrere Ziele. Die Cross-Country-Tour durch den amerikanischen Kontinent, die vielen neuen Bundesstaaten und jetzt gibt es noch ein kleines Sahnehäubchen obendrauf: Kanada! Mike und ich wollen in der Nähe von Edmonton auf Gänsejagd gehen.

Da mein Kumpel aber heute Morgen noch anderweitig unterwegs ist und unser Flugzeug erst nachmittags abhebt, habe ich noch etwas Zeit für Seattle. Bisher habe ich von der Stadt ja noch nicht allzu viel gesehen und so fahre ich erst mal zur berühmten Space-Needle. Leider ist es auch heute wieder ziemlich diesig und so spare ich mir den Besuch auf dem Turm.
Stattdessen fahre ich weiter zum Hafen. Hier haben Mike und ich die großen Krabbenbeine gegessen. Ich schlendere ein wenig herum und kaufe noch ein paar T-Shirts.
Die Zeit vergeht rasend schnell und ich will nichts riskieren. Seattle ist bekannt für Boeing, Microsoft, viel Regen (obwohl Mike immer sagt, dass es hier eigentlich nicht viel regnet, sondern wenig, aber dafür oft) und seine täglichen Staus. Deshalb mache ich mich auf den Weg zum Airport. Meinen Koffer habe ich heute Morgen schon mitgenommen und brauche folglich nicht mehr zum Hotel zurück.

White Lady wird mit leerem Tank abgegeben. So verdienen die Vermieter noch etwas extra. Man übernimmt das Auto vollgetankt und darf es leer zurückgeben. Die erste ganze Tankfüllung wird bei Übergabe berechnet und wer kann es schon so timen, dass der Tank bei der Rückgabe tatsächlich leer ist? Das können sicher nicht viele, aber ich kann das. Na ja, jedenfalls fast.
Der Zeiger ist schon seit einigen Meilen auf null und die Hinweisschilder zum Flughafen häufen sich. Ich sollte also bald da sein. Meine innere Stimme sagt mir:

„Alles kein Problem, du bist gleich beim Flughafen und kannst das Auto mit komplett leeren Tank abstellen. Sollen die doch beim Vermieter zusehen, wie sie ohne Sprit den Dodge bewegen. Selber schuld!" Eine andere Stimme rät mir zur Vernunft. Und so kriege ich im letzten Moment doch noch kalte Füße und spende five Bucks für Benzin. Es wäre ja auch wirklich zu blöd, wenn ich so kurz vor dem Flughafen liegenbleiben würde.

Es gibt keinen Stau und nichts hält mich auf. Ich komme ganz unspektakulär zum Mitwagenverleiher. Jetzt ist es soweit. Unsere Wege trennen sich. Wir hatten eine echt coole Zeit. Lange nicht mehr so viel Spaß gehabt. 5000 Meilen, oder 8000 Kilometer! Wer hätte das gedacht. Wäre ich zuhause in Deutschland losgefahren, hätte ich laut Google Maps bis nach Pakistan kommen können. Aber das wäre sicher eine ganz andere Geschichte geworden. So bin ich halt nur durch Amerika gefahren. Die Wagenrückgabe ist, wie eigentlich immer, ganz unproblematisch. Ich nehme meine Sachen aus dem Auto und haue White Lady noch einen auf den Kofferdeckel. Und Tschüss! Jetzt geht/fährt wieder jeder seinen eigenen Weg. Eigentlich schade.

Am Airport treffe ich Mike. Er hat ein Problem. Ein Server in seiner Firma ist abgeraucht. Nun ist Trouble Shooting angesagt. Handy und Internet sind jetzt die ganz normale Arbeitsplattform. Über tausende von Meilen werden Informationen, Bilder und Befehle ausgetauscht. Irgendwie muss der Rechner wieder in Gang gebracht werden. Wenn es nicht funktioniert, werde ich allein nach Kanada fliegen und Mike kommt dann irgendwann nach. Vielleicht.
Die ganze Aktion macht uns hungrig und so suchen wir erst mal eine Pizzeria auf. Schließlich gilt auch hier: Ohne Mampf kein Kampf. Wir bestellen eine große Pizza und Mike hackt auf seinem Laptop rum. In der anderen Hand abwechselnd Pizza und Handy. Dann ist es geschafft, der Rechner in Texas, am anderen Ende dieses riesigen

Landes, läuft wieder. Mike ist happy und hat die Firma gerettet. Ich bin genauso glücklich, denn allein wollte ich eigentlich nicht bei den kanadischen Jägern auftauchen, die ich bisher noch gar nicht kenne.

Jetzt können wir einchecken. Mein Koffer ist leider zu schwer und so trenne ich mich von einer Hose und einem Paar Schuhe. Die wollte ich eigentlich immer schon aussortieren und heute ist die Gelegenheit mehr als günstig. Die Dame am Check In Schalter schaut mich ganz ungläubig an, als die Klamotten im Mülleimer verschwinden. Aber ich will ja schließlich nicht für Übergewicht bezahlen. Also.
Dann ist Mike dran. Er hat außer seinem Trolly, noch eine imposante Kiste aus rostfreiem Stahl dabei. Doppelt und dreifach mit Schlössern gesichert. Da sind seine Jagdgewehre drin. Mike fliegt schon seit mehr als zehn Jahren zum Jagen nach Kanada. Deshalb ist er einigermaßen überrascht, als die Vertreterin der Fluggesellschaft ihm eröffnet, dass er die Waffen nicht mitnehmen darf. Aber Mike lässt sich nicht aus der Ruhe bringen und nachdem der zuständige Vorgesetzte erschienen ist, kann der Vorgang abgeschlossen werden. Die Kiste mit den Waffen verschwindet irgendwo im Bauch des Flughafens.

Unser Flug mit Alaska Airlines wird aufgerufen und wir steigen ein. Es geht nach Norden über die Rockies und über die kanadische Grenze. Und dann gibt es nur noch Felder und noch mal Felder. Alles unter mir ist rechteckig aufgeteilt. Hier warten die Enten und Gänse. Allerdings wartet am Flughafen erst mal der Zoll auf uns. Am kanadischen Zoll in Edmonton müssen wir noch die Gewehre abholen und eine Gebühr entrichten. Der Waffenkoffer läuft natürlich nicht über das normale Kofferband, sondern wird an einem gesonderten Schalter ausgegeben.
Die Jungs vom Zoll machen einen etwas unorganisierten Eindruck, aber wir kommen durch. Draußen wartet schon Darren, einer der Jagdfreunde auf uns. Mike macht uns bekannt und unsere Koffer werden auf die große

Ladefläche des Pick Up Truck geschmissen, dann kann es losgehen. Unser Ziel heißt Camrose und liegt ungefähr 100 Kilometer von Edmonton entfernt. Ja, in Kanada wird wieder in Kilometern gerechnet. Die Meilen bleiben in den USA. Unterwegs halten wir schon das eine oder andere Mal an und inspizieren die abgeernteten Felder. Sitzen eventuell schon Gänse drauf und warten auf uns?

Seit unserer letzten Mahlzeit ist schon wieder eine ganze Zeit vergangen und da Mikes Kumpel auch Hunger hat, halten wir vor einem kleinen Spielcasino. Obwohl ich auf meiner Tour an etlichen vorbei gekommen bin, war ich das letzte Mal in Vegas, vor fünf Jahren, in einem dieser Freudentempel. Hier ist natürlich alles viel kleiner und es ist kein Vergleich mit dem Zocker Paradies in Nevada. Aber das Prinzip ist das gleiche. Eat, drink und gamble. Also essen, trinken und möglichst viel Geld verspielen. Wobei das Spielen natürlich an erster Stelle steht. Die Betreiber und die Regierung wollen schließlich auch leben. Aber wenn die Gäste zufrieden sind, lassen sie auch schon mal den einen oder anderen Dollar mehr springen.

Es ist Friday night, der Laden ist gut gefüllt und es gibt live Music. Die Band ist klasse und die Steaks sind vom Feinsten. Wie der Berliner sagen würde: „Lieber wat jutet, aber dafür een bisken mehr". Ich hab den Dialekt nicht so richtig drauf, aber ich glaube, Ihr wisst was ich meine. Kurz gesagt, wir lassen es uns gut gehen.
Dann erreichen wir das Haus, in dem wir die nächsten drei Tage wohnen werden. Es gehört einem weiteren Kumpel von Mike und liegt ganz malerisch an einem kleinen See. Die Kanadier nehmen mich freundlich auf und ich bekomme sogar ein eigenes Zimmer. In den nächsten Tagen wird sich entscheiden, ob ich einer der vielen tausend Menschen werde, die es nicht abwarten können, dass endlich wieder die Huntingseason, also die Jagdsaison, anfängt, oder ob das Thema Jagen dann für mich durch ist.

Day 16
Camrose Alberta: Kanada Hunting 1

Ein Jäger zu sein, ist erst mal gar nicht schwer, denke ich mir. Aber bevor es richtig losgeht, brauchen wir noch einige wichtige Dinge. Deshalb fahren wir in die Stadt, um unter anderem, meine Jagdlizenz zu kaufen. Camrose ist ein kleines kanadisches Städtchen und ich kann mir auf der Fahrt einen zweiten Überblick verschaffen. Gestern hatte ich ja schon die erste Gelegenheit dazu.

Wir fahren auf der großen Hauptstraße und irgendwas kommt mir etwas seltsam vor. Links und rechts sind etliche Autohändler angesiedelt. Soweit so gut. Allerdings fällt mir etwas auf. Es gibt hier anscheinend nur Händler, die Pick Up Trucks verkaufen. Überall stehen die Trucks auf den Ausstellungsflächen vor den Verkaufshäusern. Und das sind nicht wenige. Einen „normalen" Autohändler suche ich hier vergebens. Nach unseren Maßstäben, gewöhnliche Autos, allerdings auch. Es fahren zwar ein paar PKW zwischen den ganzen Trucks herum, aber die kleinen LKW dominieren eindeutig das Geschehen.

Wir kommen zu einem großen Reifenshop. Jedenfalls heißt der Laden so. Aber ich lerne schnell, dass dieses Geschäft fast alles verkauft. Es ist eine Mischung aus Baumarkt und einem Anbieter für Angel- und Jagdbedarfe. Und für noch eine ganze Menge mehr. Hier wollen wir uns eindecken und kaufen erst mal einen großen Packen Munition. Dazu noch ein paar Kartons mit Tontauben.
Da ich lange nicht mehr geschossen habe und somit aus der Übung bin, brauche ich etwas Praxis. Die Jungs wollen anscheinend nichts dem Zufall überlassen.

Dann erstehe ich noch das Wichtigste: Meinen Jagdschein. Ich will ja nicht als Wilderer in einem kanadischen Gefängnis enden. Für die Kleinigkeit von 80 $ bekomme ich, als „Non-Resident Alien", ein Wildlife Certificate und darf ab jetzt, acht Tage lang im

Bundesstaat Alberta jagen. Sag ich doch, Jäger werden ist erst mal gar nicht zu schwer.

Wir packen alles auf die große Ladefläche von unserem Truck und fahren zurück zu dem schönen Haus am See. Wir wollen die Zeit nutzen und uns ein wenig einschießen. Dafür haben wir die Tontauben gekauft.

Kenny, so heißt der Hausbesitzer, bei dem Mike und ich untergekommen sind, hat natürlich eine eigene Abschussvorrichtung für die kleinen Tonteller. Ich denke, in Deutschland wäre so eine Aktion nicht so ohne weiteres möglich. Aber hier in Kanada ist viel Platz und weit und breit ist kein Nachbar, der etwas dagegen haben könnte.

Also gehen wir in den Garten und ich kriege eine Flinte in die Hand gedrückt. Meinen Jagdpullover und meine Gummistiefel habe ich schon an und so könnte es, zumindest theoretisch, jetzt losgehen. So sehen das auch meine neuen Kumpels.

Jetzt wollen die Kanadier doch mal sehen, was der komische Deutsche so drauf hat. Ehe ich mich versehe, fliegen auch schon die ersten Tontauben durch die Luft. Von mir aus gerne, denen werde ich schon zeigen was los ist.

Selbstverständlich treffe ich die ersten beiden Tontauben mit nur einem Schuss. Oder? Nein, eigentlich habe ich zwei Schüsse abgefeuert und keine der beiden Tauben getroffen.

Vielmehr hat Darren, der etwas abseits stand, nachdem ich vorbei geschossen habe, das Thema zu Ende gebracht. Was wäre das schließlich für eine Verschwendung, wenn die kleinen Flugscheiben einfach so an der Erde zerschellt wären. Darren scheint ziemlich schnell mit der Knarre zu sein, schließlich hat er ja erst nach mir geschossen, als die Tontauben schon fast am Boden angekommen waren. Alle Achtung. Zwei zu Null für Kanada.

Jetzt haben sie mir mal gezeigt, wo der Toni den Most herholt.

Aber ich lasse mich nicht unterkriegen. Der Anfang war zwar nicht so richtig überzeugend, doch ich steigere mich

im Laufe unseres kleinen Wettbewerbs. Um es kurz zu machen, will ich es mal wie folgt ausdrücken: Ich bin nicht ganz so schlecht, wie einige vielleicht gedacht haben und nicht ganz so gut, wie ich gehofft hatte. Die Wahrheit liegt wohl irgendwo dazwischen.
Aber so langsam kriege ich den Dreh und Darren braucht nur noch, ab und zu, bei der zweiten Scheibe einzugreifen. Am Ende bleiben noch einige Tontauben in der Verpackung. Genug geballert. Bis zum nächsten Training.

Wir rücken ab und fahren wir mit zwei großen Pick Up Trucks durch die Gegend. Ausgerüstet sind wir mit jeder Menge Tarnkleidung (das Weichei aus Deutschland hat etwas mehr an, als die harten Jungs aus Kanada). Mit meinen dicken Gummistiefeln, natürlich in Tarnfarbe, renne ich von jetzt an in Restaurants, Geschäfte oder Tankstellen. Ich sehe aus, wie Bauer Harms auf Urlaub. Die anderen Jäger sind zumindest von den Schuhen her, etwas eleganter aufgestellt, aber ansonsten ähnlich angezogen. Überall werde ich sogleich als Hunter erkannt, keine Ahnung wie die Einheimischen das machen.

Die erste Frage, wenn ich irgendwo reinkomme, bezieht sich immer auf mein aktuelles Befinden und danach wollen die Menschen dann wissen, ob die Jagd erfolgreich war. Irgendwie fühle ich mich auf einmal richtig wichtig. Wie so ein paar Gummistiefel einen Menschen doch verändern können.

Aber zurück zur Gänsejagd. Ich bin ein Greenhorn und muss natürlich erst mal lernen, wie so etwas überhaupt abläuft. Deshalb bekomme ich jetzt meine ersten Theoriestunden. Das Wichtigste an der Gänsejagd ist herauszufinden, wo sich die Vögel tagsüber den Bauch vollschlagen. Deshalb sind wir gerade in den beiden Autos mit geschätzten 600 PS unterwegs. Ach, das hätte ich ja fast vergessen, ich darf gar nicht Auto sagen. Das sind Trucks, und sonst gar nichts. Mensch Greenhorn!

Natürlich nennt mich hier keiner so, aber faktisch bin ich eben nun mal eines. Und noch mal zurück zur Jagd: Es ist Herbst und die Vögel ziehen in den Süden. Auf dem Weg dorthin, kommen sie hier an den riesigen Feldern vorbei. Die Gänse schlafen auf Seen und Teichen, wo sie vor Feinden einigermaßen sicher sind. Morgens und abends fliegen sie dann in die abgemähten Felder und fressen was das Zeug hält. Also fährt man durch die Gegend und sucht die Gänse.

Hat man dann das Fressfeld gefunden, muss man den Farmer um Erlaubnis zum Hunten fragen. Hierzu gibt es eine riesige Landkarte, auf der die jeweiligen Besitzer eingetragen sind. Dann wird telefoniert und falls der Farmer sein "Go" gibt, kann man mit den Vorbereitungen beginnen. Es werden Verstecke (Blinds) aufgebaut und die Plastikgänse aufgestellt. Alles soll so aussehen, als ob schon ca. 100 Gänse am Boden ordentlich fressen. Dazu gibt es spezielle Lockflöten (ja, ähnlich wie Bockflöten) und schon kann es losgehen.

Kommt ein Schwarm Gänse angeflogen, heißt es für die Hunter ab ins Blind. Dann wird geflötet was geht. Lassen sich die Gänse überzeugen, kommen sie herunter um zu fressen. Da die Schrotgewehre nur auf relativ kurze Entfernung wirksam sind, muss man bis zum letzten Augenblick warten.

Dann kommt der Befehl vom "Pit Boss": "Take them"!

Jetzt ist es besser, wenn man daran gedacht hat, die Ohrstöpsel zu benutzen. Aus sechs Gewehren wird das Schrot in den Himmel geschossen. Die Gänse sind sehr schnell und reagieren sofort. Da sie immer gegen den Wind landen, brauchen sie jetzt nur ihre Flügel entsprechend zu stellen und schon segeln sie im Wind wieder davon. Jedenfalls die meisten. Die, die es nicht geschafft haben, werden heute Abend im Speckmantel, erst im Ofen und dann in unseren Mägen landen. Kenny bereitet die Gänsebrust total lecker zu. Mike macht die Beilagen genauso klasse und schon ist der Festschmaus fertig.

Day 17

Camrose Alberta: Kanada Hunting 2

Leider zeigt sich mir Kanada heute nicht von seiner besten Seite. Es ist jetzt richtig kalt, zumindest für einen Deutschen. Nachts friert es, und jetzt am Tage regnet es. Gestern schien ja tatsächlich noch die Sonne und ich war voller Hoffnung.
Nun weiß ich, dass ich wohl besser nach Kalifornien gefahren wäre. Das Blatt hat sich gewendet, aber ich will mich mal nicht beschweren. Ich bin schließlich zwei Wochen lang mit Sonnenschein und Temperaturen weit über 20 Grad verwöhnt worden. Doch ab jetzt bin ich ein Hunter in Kanada. Das ist schließlich nichts für Weicheier. Die Jungs lachen sich halb schlapp, wenn ich den dritten Jagdanzug überstreife und fragen mich, ob ich auch noch die Arme zum Schießen haben kann. Ich kann.

Aber um das zu beweisen, muss erst mal wieder eine passende Gelegenheit gefunden werden. Die Routine hält Einzug. Wir spotten die Felder und dann wird aufgebaut, geschossen und abgebaut. Allerdings sind wir nicht zu erfolgreich. Falls einer der Jungs auf die Idee kommen sollte, dass das an mir liegt, bin ich wohl erledigt. Bisher hat aber keiner was gesagt.

Einmal fahren Kenny und ich so durch die Gegend und halten nach Gänsen Ausschau, als in einiger Entfernung zwei so komische Tiere über die Felder laufen. Erst kann ich sie nicht richtig einordnen, doch dann erkenne ich sie. Es sind richtige, große Elche. Ich bin natürlich etwas aufgeregt, denn ich hatte vorher nur mal einen ganz kleinen dieser Gattung in Schweden gesehen. Und jetzt sind es gleich zwei und auch noch so riesige!
Kenny hält an, fährt das Seitenfenster runter und gibt plötzlich etwas seltsame Geräusche von sich. Die Elche stoppen sofort und schauen zu uns herüber.

Den „Der mit dem Wolf tanzt", habe ich zwar in Amerika nicht gesehen, aber dafür kenne ich jetzt jemand anderen: Den „Elchflüsterer" von Kanada. Ich bin echt begeistert. Kenny schnackt noch etwas mit den Tieren, dann laufen sie weiter. Ich habe natürlich kein Wort verstanden. Englisch war das jedenfalls nicht.

Auch so ein Truck muss ab und zu was trinken und so fahren wir zurück in die Stadt zur nächsten Tankstelle. Während wir tanken, hält neben mir ein Auto. Ja tatsächlich, es ist ein ganz normaler PKW. Es gibt sie also doch noch. Ein junger Mann steigt aus und fragt mich, ob wir zur Jagd wollen? Wieder einer, der mich sofort als Jäger erkannt hat. Aber was will man sonst mit so dicken Gummistiefeln in Tarnfarben auf einer Tankstelle, wenn man nicht irgendwann zur Jagd will?

Der PKW-Fahrer würde sich uns gerne anschließen und mitkommen. Er kennt sich aus und ist ab jetzt dabei. Jeder zusätzliche Jäger bedeutet, dass die Gruppe acht Gänse mehr schießen kann. Acht Gänse pro Person und Tag sind das Limit. Es bedeutet allerdings auch, dass wir eine Person mehr zum Auf- und Abbauen der Verstecke und Gänse haben. Also für beide Seiten ein Gewinn.
Der Neue heißt Sam Junior und ist erst 25 Jahre alt. Im Vergleich zu Ray, der mit seinen 79 Jahren der älteste in unserer Truppe ist, ist das noch ziemlich jung.

Wir jagen heute am Nachmittag und in den Abend hinein. Ich bin etwas durchgefroren und freue mich schon auf das Abendessen. Nach der Jagd geht es mit der ganzen Truppe, wir sind jetzt sechs Jäger, zum Chinesen. Hier ist heute großes Buffet angesagt.

Wir lassen es uns gutgehen und Geschichten machen die Runde. Jeder, außer mir, hat anscheinend in seinem Haus mindestens ein Bärenfell vor dem Kamin liegen (wieso kommt mir das irgendwie bekannt vor?), dazu kommen dann noch die ganzen anderen Trophäen.

Je nach dem. Mal wurde der Coyote im Garten mit Pfeil und Bogen erlegt, weil er der Hauskatze zu nahe kam, mal ist es der Hirschbock, das Wildschwein oder der Turkey. Als alle Geschichten erzählt sind, fahren wir nach Hause. Ich bin ziemlich müde, aber die Jungs wollen noch weiter schnacken und was trinken.

Ich hau mich hin. Ach nee, stimmt ja gar nicht. Ich schreibe erst mal was. Hätte ich fast vergessen.

Day 18

Camrose Alberta: Kanada Hunting 3

Am Montag gehen wir nicht jagen, sondern beobachten nur. Ich glaube, ich kenne bald alle Felder von ganz Alberta. Es sind ja nur einige tausend, aber für mich sehen sie fast alle gleich aus. Wir sind erfolgreich und finden einen vielversprechenden Platz für den nächsten Morgen. Somit gibt es jetzt erst mal nichts zu tun.

Bei Kenny hingegen ist heute richtig was los. Es kommen einige Bekannte und ruck zuck ist die Bude voll. Es gibt Kaffee, Bier und Zigaretten. Die Typen sind alle nett und freundlich, aber ich habe einfach keine Lust in der Bude zu sitzen. Und so gehe ich lieber am See spazieren. Es ist zwar ziemlich frisch, aber es regnet zumindest nicht.

Der See ist künstlich angelegt. Das hat mir Kenny erzählt. Sehen kann ich es nicht, für mich ist das ein ganz normales Gewässer. Keine Spur von menschlicher Aktivität. Aber trotzdem, vor ein paar Jahren war hier noch eine ganz einfache Wiese. Und jetzt hat Kenny ein Haus am See. Sollte er mal mit dem Gedanken spielen, sein Heim zu veräußern, wird sich der See bestimmt nicht nachteilig auf den Verkaufspreis auswirken.

Aber wie kommt man denn eigentlich zu so einem schönen Teich, direkt vor der Haustür? Die Antwort führt uns wieder zum Thema Jagen. Es gibt eine Organisation, die sich für die Erhaltung von Feuchtgebieten und damit dem Lebensraum von Wasservögeln einsetzt: Ducks Unlimited. Hierbei handelt es sich um eine Non-Profit-Organisation, die mit den Beiträgen, von mehr als einer halben Million Mitgliedern, Gebiete ankauft um sie für Wasservögel zu erhalten. Und wenn dann Wasservögel da sind, kann man sie auch jagen. Keine Vögel, keine Jagd.

Demzufolge sind die Leute von Ducks Unlimited immer auf der Suche nach Möglichkeiten, das viele Geld, welches die Gesellschaft von den Mitgliedern bekommt, wieder sinnvoll anzulegen. Also kaufen sie Grundstücke und legen dann mal eben einen etwas größeren See an. Da kommen dann wieder die Enten und die Jäger freuen sich. Ich freue mich auch und gehe weiter spazieren. Als ich um einen Baum komme, stehe ich ihm plötzlich gegenüber: Er schaut mich an und ich schaue ihn an. Ein Kojote! Er hat mich offensichtlich vorher nicht bemerkt und so verschwindet er erst im letzten Augenblick zwischen den Büschen. Das war doch mal eine Begegnung.

Mike hält es auch nicht im Haus. Er will anscheinend auch spazieren gehen. Allerdings macht er einen bewaffneten Spaziergang. Er hat sein Gewehr mitgebracht und will Enten jagen. Für die einheimischen Jäger sind alle Vögel, außer die große Kanada-Gans, "Shit-Picker" und die Munition nicht wert.
Mike denkt da anscheinend anders. Er ist ja auch kein Einheimischer und so dauert es nicht lange, bis er ein paar Enten erwischt. Da die geschossenen Enten in den See fallen und wir keinen Hund haben, der sie herausholen könnte, gehen wir erst mal zurück zum Haus und kommen mit dem ATV, dem All Terrain Vehicle, wieder. Bei uns heißen die kleinen Motorräder auf vier Rädern, Quads. Wenn ich diese in Deutschland auf den Straßen fahren sehe, beneide ich die Fahrer nicht gerade. Aber hier im Gelände und auf den Feldern sind die Fahrzeuge unschlagbar.

Mike hat eine Angel mitgebracht und will versuchen, damit die erlegten Enten aus dem See zu fischen. Was der Jäger erlegt hat, dass muss er auch holen. Einfach nur schießen und dann abhauen geht nicht. Das ist sein Versprechen an die Tiere, werde ich aufgeklärt.
Mit der Angel wird das allerdings nichts. Also bleibt Mike nichts anderes übrig. Obwohl es, zumindest meiner Meinung nach, saukalt ist, entledigt sich der Jäger seiner

Kleidung. Nur in Shorts watet er in den See um die Enten zu holen. Wie gesagt, es ist ziemlich kalt, aber Mike kommt schon seit vielen Jahren nach Kanada und die Temperaturen scheinen ihm nichts auszumachen. Auch wenn ich jedes Jahr herkommen würde, wäre ich nicht ins Wasser gegangen. Aber ich habe ja auch keine Enten geschossen, die ich einsammeln muss.

Bald hat er die Enten zusammen und zieht sich wieder an. Ich friere beim bloßen zusehen. Wir fahren mit dem Quad zum Haus zurück und plötzlich springt wieder ein Coyote aus dem Busch. Es gibt hier anscheinend ziemlich viele. Für die Einheimischen sind sie eine Plage, für die Jäger sind sie Beute.

Das Feld ist gemäht und Mike gibt Gas. Ich sitze hinten drauf und versuche mich und das Gewehr fest zu halten. Obwohl ich mich freue, dass ich noch nicht heruntergefallen bin, soll ich jetzt auch noch das Gewehr, während unserer halsbrecherischen Fahrt über den Stoppelacker, laden. Ich komme mir vor wie bei Daktari.

Wir jagen mit Vollgas hinter dem armen Kerl her. Aber diese Jagd ist kein Computerspiel und der Coyote hat nur ein Leben. Er scheint das zu wissen und außerdem kennt er sich hier augenscheinlich sehr gut aus. Bei der nächstbesten Gelegenheit schlägt er einen Haken der sich gewaschen hat und Coyote Karl entkommt uns. Mich stört das nicht weiter, aber was so ein richtiger Jäger ist, der wäre schon gerne mit seiner Beute nach Hause gekommen.

Ich kann die Patronen wieder aus dem Gewehr nehmen. Denn, falls ich es noch nicht erwähnt habe, trotz aller Lockerheit und dem Spaß den wir haben, wird die Sicherheit, im Umgang mit den Schusswaffen, bei meinen Jägern ganz groß geschrieben. Beim Schießen braucht es nämlich keine Entschuldigung. Wenn die Kugel erst den Lauf verlassen hat, ist es zu spät.

Ohne Kojoten, aber mit drei Enten fahren wir etwas, aber nur etwas, langsamer zurück zum Haus.

Gerade als wir auf die Einfahrt abbiegen wollen, geht mein Fahrer ganz plötzlich voll in die Eisen. Das Quad schleudert ein wenig aber dann stehen wir. Mike hat etwas im Gras entdeckt!
Neben der Straße blinkt es zwischen den hohen Halmen und dieses blinkende Etwas, sieht einem Nummernschild unwahrscheinlich ähnlich. Und tatsächlich, es ist ein Nummernschild. Da hat doch anscheinend ein kanadischer Trailer, also ein Anhänger, so lange geschüttelt, bis er das arme Nummernschild abgeschüttelt hat.
Tja, und nun liegt es hier so ganz allein am Straßenrand.
Wenn wir jetzt noch jemanden kennen würden, der solche nordamerikanischen Nummernschilder sammelt, ja das wäre was. Dem könnte man mit diesem schönen, herrenlosen Schild sicher eine kleine Freude machen.

Nach kurzem Überlegen fällt mir ein, dass ich ungefähr fünfzig Schilder zu Hause und vier im Koffer, habe. Da wäre doch sicher noch irgendwo ein Platz für ein armes, unbehütetes kanadisches Schild aus dem Straßengraben.
Ich wäre also zufällig so jemand, dem man mit diesem tollen weißen Schild mit roter Schrift eine Freude machen könnte. Aber natürlich darf ich dieses Schild nicht einfach mitnehmen. Das wäre bestimmt illegal.
Außerdem habe ich ja auch schon eines aus Alberta. Darren, mein neuer Jägerkumpel, hat mir seins vom Snowmobile geschenkt. So ein hübsches kleines, wie beim Motorrad.

Wir kommen zurück ins Haus und hier ist die Luft etwas dicker geworden. Die Kanadier sitzen immer noch in der geheizten Stube und machen das, was Männer, egal welcher Nationalität, am besten können: Reden, rauchen, rumsitzen und rumtrinken. Aber ich will mich mal nicht zu weit aus dem Fenster lehnen, zum einen bin ich hier Gast und zum anderen, bin ich ja auch nur ein Mann.

Unser kleiner Jagdausflug ist sofort Thema in der Runde. Etwas kleinlaut müssen wir zugeben, dass uns der Kojote entkommen ist und wir nur drei Enten (die ja in den Augen der Kanadier nicht zu jagen lohnen) und ein Nummernschild erbeutet haben. Ach nee, hab ich ja ganz vergessen, das kanadische Plate haben wir doch wieder zurück ins Gras gelegt. Klar Mann.

Day 19
Kanada – London – Hamburg – OHZ

Heute ist mein letzter Tag in Kanada. Abends geht mein Flug über London nach Hamburg. Während ich diese Zeilen schreibe, sitze ich bereits in Edmonton auf dem Airport.

Am Morgen haben wir noch einmal alles gegeben. Wir hatten gestern noch ein vielversprechendes Feld ausgekundschaftet und der Farmer hat uns die Erlaubnis zum Jagen erteilt. Deshalb machen wir uns noch vor Sonnenaufgang auf den Weg. Während die Gänse noch irgendwo auf einem See schlafen, bauen wir unsere Verstecke, die Blinds, auf. Kaum sind wir damit fertig, hören wir auch schon die ersten Schwärme im Nebel rufen. Sie sind aber noch zu weit weg um unsere künstlichen Gänse zu sehen.
Deshalb kommen jetzt die Lockflöten zum Einsatz, um die Vögel anzulocken. Mike an der Lockflöte, das ist wie Jimmy Hendrix an der Gitarre. Er gibt alles und kann die Gänse überzeugen. Der Anführer eines Schwarms lässt sich täuschen und kommt mit seinem Gefolge näher.

Die Jagd ist erfolgreich und die nächsten Gänsebraten sind gesichert. Indes werde ich davon nichts mehr abbekommen. Wenn die leckeren Gerichte in Kennys Ofen braten, bin ich schon zurück in Deutschland. Allerdings ist vorher noch ein ordentliches Frühstück angesagt. Es gibt in der Stadt schließlich nicht nur Truckhändler, sondern auch gute Restaurants.
Die Jungs haben ein Stammlokal und wir poltern hinein. Alle sind natürlich noch in Jagdklamotten. Ich selbstverständlich auch. Ohne Gummistiefel würde ich mir mittlerweile irgendwie nackt vorkommen.
Ein weiterer Kumpel kommt vorbei und sponsert unser Frühstück. Er erzählt irgendetwas von einer tollen Feier letzte Nacht und das letzte was wir von ihm hören ist ein lautstarkes: „Rock´n´ Roll...!"

Hat irgendwie Stil der Typ, finde ich. Die anderen finden das auch.

Danach ist das große Reinemachen angesagt. Enten, Trucks, Trailer und Quad wollen gesäubert werden. Die teilweise schlammigen Feldwege haben ihre Spuren hinterlassen. Das zieht sich, aber irgendwann sind wir auch damit fertig. Es ist nichts mehr zu tun.

Jetzt geht alles sehr schnell. Ich packe meine drei T-Shirts ein, dusche und esse noch einen Rest Pizza von gestern Abend. Die Luft ist bei mir nun irgendwie raus und ich freue mich riesig auf meine Familie und auf Deutschland.

Bevor es jedoch zum Airport geht, bekomme ich noch die erste Golfstunde meines Lebens. Ich glaube ich habe es schon mal kurz erwähnt, aber in Kanada ist irgendwie etwas mehr Platz, als bei uns zuhause. Wir gehen einfach in den Garten und ich bekomme eine Kurzeinweisung zum Golfen. Erst treffe ich den Ball nicht, doch dann schlage ich meine Bälle zunächst in den einzigen Baum weit und breit, und danach in und dann über den See. Ich denke ernsthaft über eine Profikarriere nach.

So, jetzt ist es tatsächlich so weit. Meine kleine Butterfahrt neigt sich dem Ende zu. Ich hoffe, die Rückflüge werden unspektakulär und ich kann morgen bei meiner Familie sein. Und dann will ich endlich wieder in meinem eigenen Bett schlafen. Aber soweit ist es noch nicht.

Ich nutze die Zeit und denke noch mal an die letzten Wochen zurück: Was war das für eine Reise! Wenn ich mir überlege, was ich so alles erlebt habe, kann ich es fast gar nicht glauben. Zum Glück habe ich ja noch die ganzen Bilder.

Alles was ich sehen wollte habe ich gesehen: New York City mit meinem geliebten Manhattan, Lady Liberty, die Staten Island Ferry, die Museen von Ford und Chrysler in Detroit, Chicago, den Mississippi, den Hells Tower, die Präsidenten am Mount Rushmore, das Crazy Horse Memorial, die Rocky Mountains, die Badlands, den

Custer National Park, das Little Big Horn Battlefield, meine Buffalos, den Yellowstone National Park, den Teton National Park, Salt Lake City (zumindest die Skyline), Seattle und natürlich die beiden großen Ozeane: Den Atlantik am Anfang meiner Reise und den Pazifik nach der Überquerung des nordamerikanischen Kontinents. Na ja, und was da sonst noch so alles unterwegs meinen Weg gekreuzt hat. Aber das steht ja auch alles in diesem kleinen Buch.
Tja, und zum Schluss noch dieses Jagd- und Golfabenteuer in Kanada. Eigentlich gar nicht so schlecht, für einen, der als Kind nicht mal ein eigenes Dreirad hatte.

Ja, die Gänsejagd. Ich wollte es unbedingt mal machen, nachdem meine Onkels schon vor vielen Jahren hier waren und die tollsten Geschichten darüber erzählt hatten. Jetzt habe ich mir diesen Wunsch, mit Mikes Hilfe, erfüllt und habe endlich Gewissheit: Ich werde zukünftig nicht darauf warten, dass die Jagdsaison beginnt.
Ich esse zwar gerne die ganzen leckeren Wildgerichte, aber aus mir wird wohl kein Jäger werden.
Das Jagen hat für mich so etwas Endgültiges. Beim Angeln kann ich den gefangenen Fisch immer noch wieder lebend zurück ins Wasser lassen. Das ist beim Jagen nicht möglich. Geschossen ist geschossen und ich sehe die Gänse lieber am Himmel fliegen.

Tja, ich glaube, dass war´s jetzt. Ich habe keine Ahnung, was ich noch schreiben soll.
Allerdings denke ich darüber nach, eventuell mal eine kleine Tour von der Brooklyn Bridge in New York City zur Golden Gate Bridge in San Franzisco zu unternehmen. Damit könnte ich einige meiner restlichen offenen Staaten noch abhaken. Mal sehen...

Gute Nacht John Boy!

The End

Danke

@ Alle: Vielen Dank für Eure Aufmerksamkeit und die Zeit, die Ihr mit dem Lesen dieser kleinen E-Mail Geschichten verbracht habt. Ich hoffe, es hat Euch ein wenig gefallen.

@ Alle die mir geschrieben haben: Hab mich über die ganzen Mails total gefreut. Danke!

@ Mike und die Canadian Hunters: Vielen Dank für alles, was ich von Euch lernen durfte. Und alles Andere.

@ White Lady: Thank you for the 5100 miles!

@ Hartmut: Mit dem Trikot hat leider nicht geklappt, ich hab mir nicht mal Turnschuhe gekauft. Keine Zeit zum Shoppen. Und jetzt bin ich sowieso pleite.

@ Steffen König: Danke, dass Du die ganzen Geschichten für mich geschrieben hast. Mache ich irgendwann mal wieder gut.

@ Margot und Marius: Danke, dass ihr mich weggelassen habt, den Müll rausgebracht und den Rasen für mich gemäht habt!